I0116782

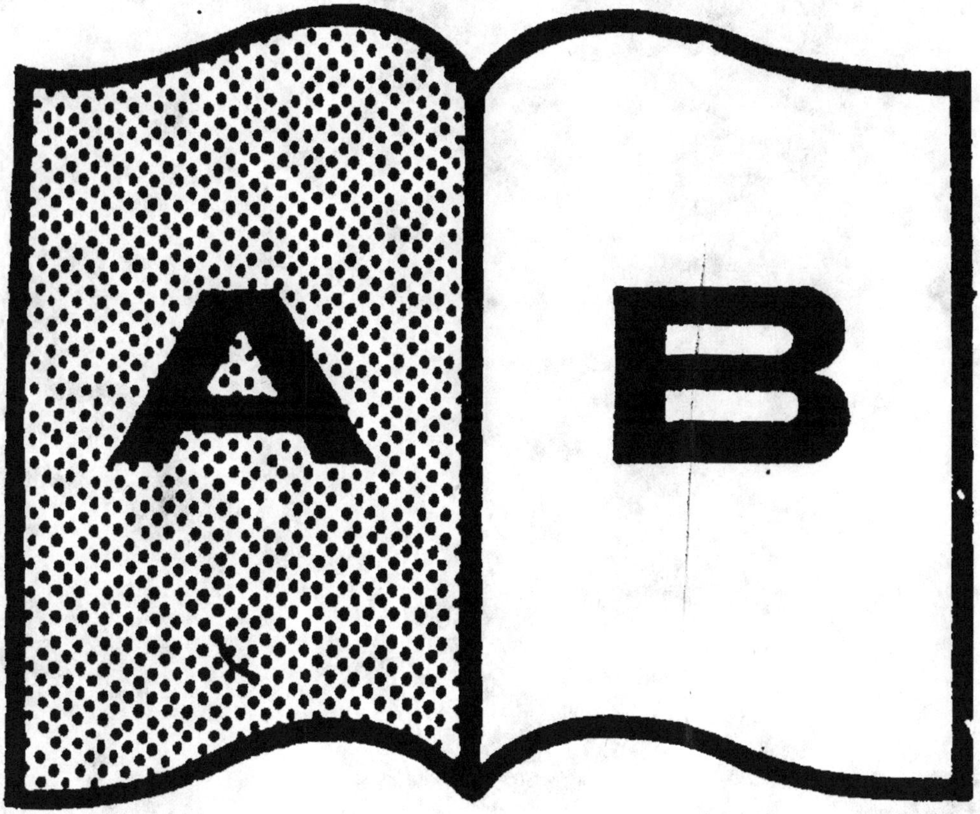

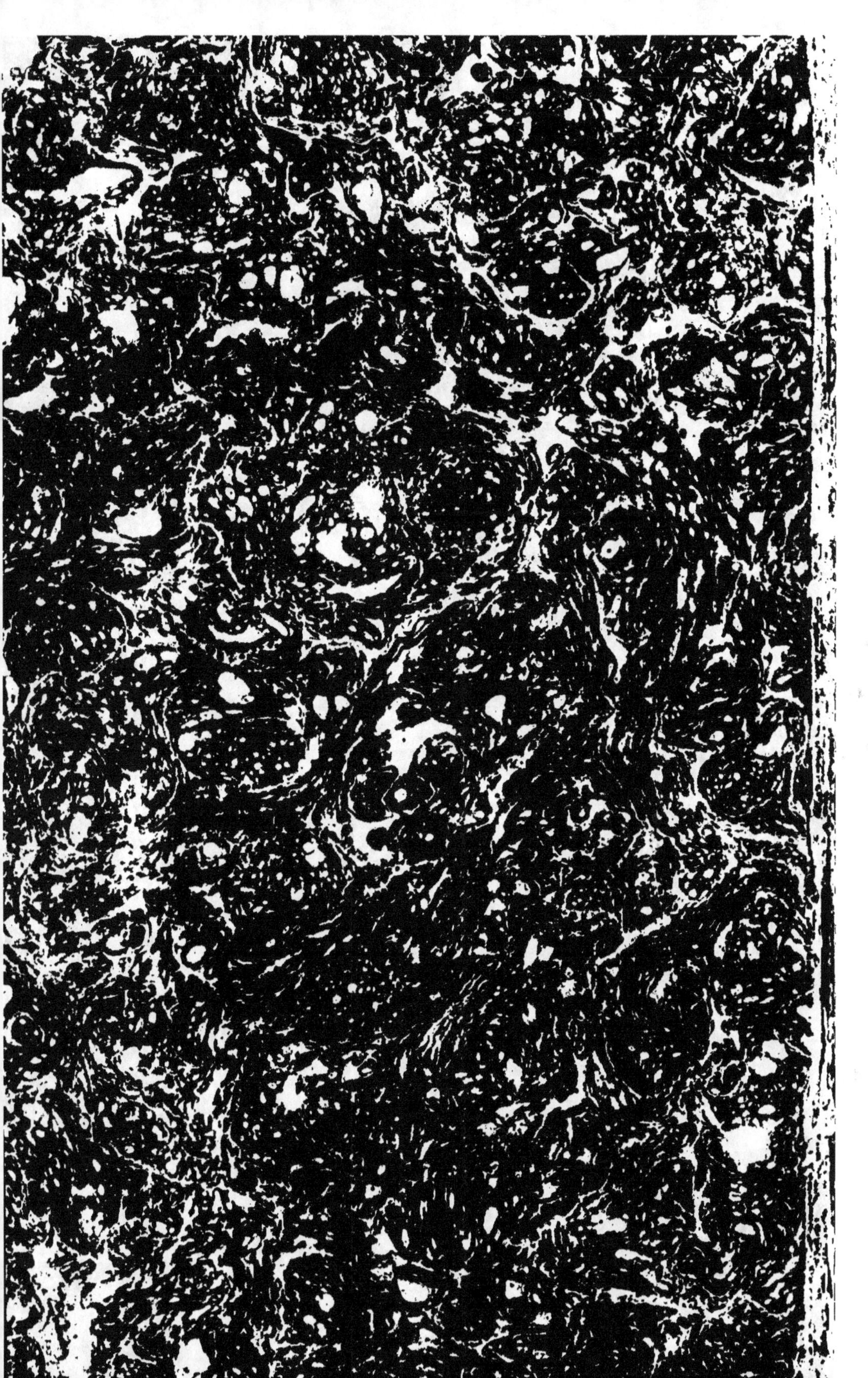

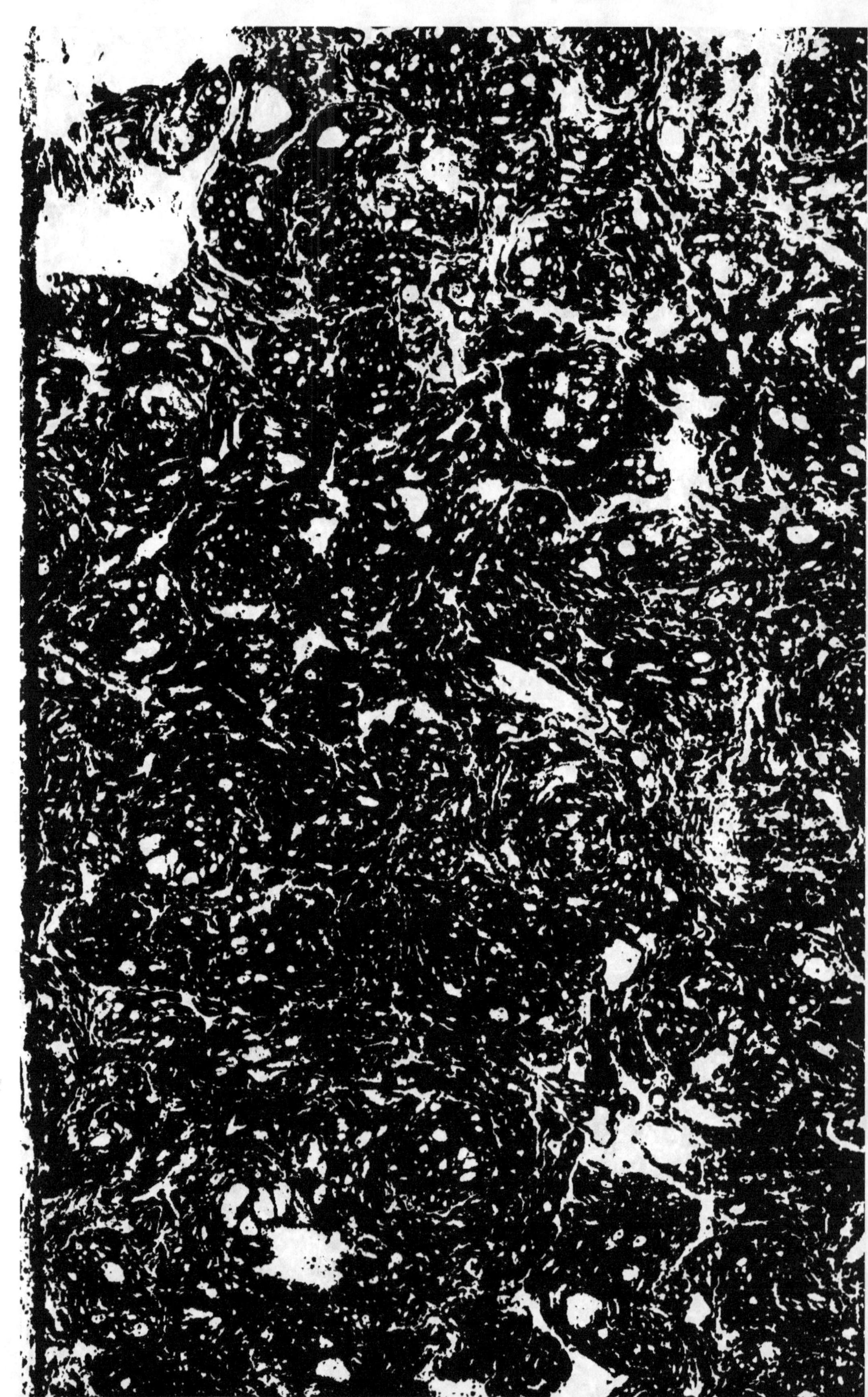

d'après Schmidt par Wagner à Leipsic

GEORGE FREDERIC SCHMIDT

CATALOGUE RAISONNÉ DE L'OEUVRE DE FEU GEORGE FRÉDERIC SCHMIDT,

GRAVEUR DU ROI DE PRUSSE,

MEMBRE DES ACADÉMIES ROYALES DE PEINTURE DE BERLIN ET DE PARIS, ET DE L'ACADÉMIE IMPÉRIALE DE ST. PETERSBOURG.

A LONDRES.

1789.

A

MONSIEUR WILLE,

GRAVEUR DU ROI DE FRANCE,

DE L'ACADÉMIE ROYALE DE PEINTURE ET DE PLUSIEURS AUTRES ACADÉMIES.

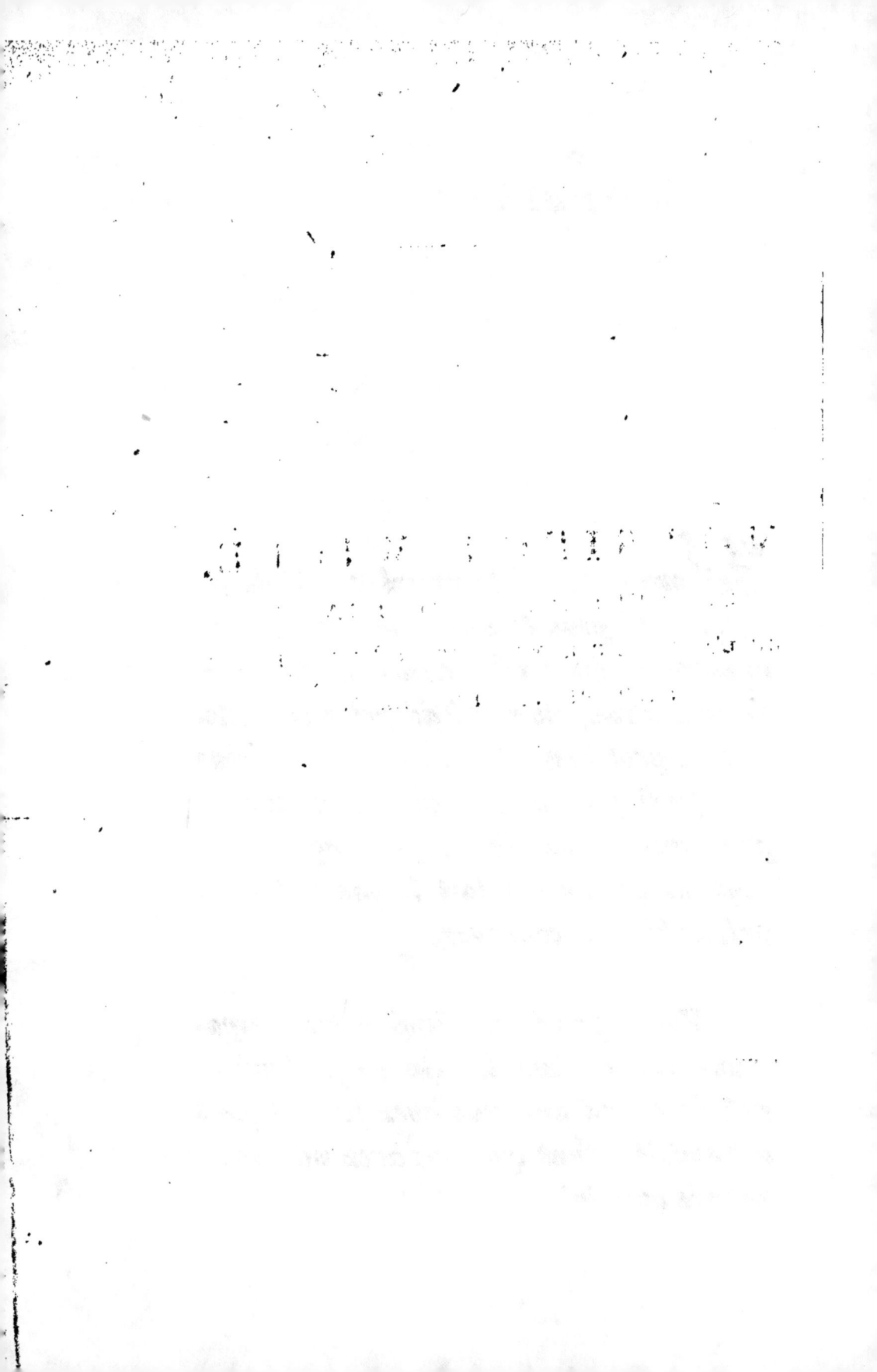

MONSIEUR,

Vous avez été le premier ami de M. Schmidt & vous êtes resté après lui dans la carriere qu'il a fini avec tant de gloire. Devenu Français par l'adoption d'un Monarque protecteur de tous les talens, vous avez senti que les vrais artistes ne doivent point avoir de patrie, & qu'ils appartiennent au peuple qui sait le mieux les apprécier & les encourager.

Vos regrets ont suivi votre compatriote jusque dans le sein de sa famille, c'est un tribut que vous avez souvent payé à l'amitié, tant que vous avez pu correspondre avec lui.

Permettez-moi d'en faire autant aujourd'hui, Monsieur; je ne fais que m'acquiter envers vous, puisque je vous rends tout ce que j'en ai reçu. Je ne veux point faire rougir votre modestie par un compliment que personne ne trouverait déplacé, mais qui n'aurait rien de flatteur pour un homme qui a reçu les applaudissemens de toute l'Europe.

Je suis,

MONSIEUR,

Leipzig, ce 1. Sept.
1788.

Votre très-humble & très-obéissant serviteur
* * *

A. Crayen

AVANT-PROPOS.

Depuis longtems les amateurs & les artistes demandent un catalogue exact & raisonné de l'oeuvre de Schmidt. Quelques amis, qui savoient que je possédois toute la collection de ce célèbre graveur & que j'avais fait plusieurs notes sur chacune de ses pieces, s'adressaient fréquemment à moi pour avoir des renseignemens. Pour les servir avec plus de zèle, non seulement je leur communiquai mes remarques, j'y fis encore des additions & je multipliai mes recherches à chaque demande; elles ont été si fréquentes que j'ai fini par faire un livre.

Le desir d'être utile à toutes les personnes qui aiment les arts, me détermine à le livrer à l'impression. Heureux si j'obtiens le suffrage de quelques connoisseurs, digne récompense de mes soins! Je n'ignore pas que M. de Heinecke a publié dans son IIIeme Vol. de *Nachrichten von Künstlern und Kunstsachen Leipzig*, 1786. un catalogue des estampes de

Schmidt, mais la brieveté avec laquelle il a traité son sujet, l'omission de plusieurs morceaux, & l'ordre peu commode pour les amateurs qu'il a suivi, ont encore ajouté à mon zèle, persuadé que les artistes & les curieux me sauroient gré de mon travail, malgré les imperfections qu'ils rencontreront sans doute dans mon livre. Du reste il n'a pas dépendu de moi de faire mieux & l'aveu de ma foiblesse, me donne des droits à leur indulgence. J'offre des détails qui étoient absolument nécessaires pour les mettre à portée de reconnoître facilement les pieces qui y sont indiquées, attendu que plusieurs de ces pieces ne portent pas le nom de Schmidt ou portent celui d'un autre graveur.

Un grand nombre de portraits & de sujets d'après Rembrandt, (car Schmidt a fait une étude particuliere de ce savant artiste) se trouvent à peu près du même genre de faire, il eut été difficile de les distinguer sans une description circonstanciée.

Ayant fait l'acquisition d'un très-bel oeuvre qui formoit autrefois le porte-feuille de notre artiste, je me trouve en état de donner des notions certaines de tous les morceaux qui le composent & de toutes les anecdotes qui sont énoncées dans ce catalogue. D'ailleurs j'ai été beaucoup aidé dans ce travail, par plusieurs amateurs, & artistes célèbres, spécialement par mon ami M. Wille, compatriote de Schmidt, par M. Cochin à Paris & M. le Recteur J. G. Meil le cadet à Berlin, j'ai trouvé dans leur commerce, toutes les lumières qu'on doit se promettre de trois artistes de cette célébrité.

Mon intention étoit au commencement de traduire la Vie de Schmidt, tel qu' on la lit dans les *Nachrichten von Künstlern und Kunstsachen II. Th. Leipzig*, 1768-69. publiés par M. de Heinecke; mais je m'apperçus bientôt que parmi plusieurs passages excellens, ils s'en trouvoient qui exigeoient d'être refondus & d'autres supprimés, j'ai composé un nouvel ouvrage, où l'on trouvera rapporté tout ce qui m'a paru digne de l'être.

M. Huber, littérateur estimé & connu dans la carrière des beaux-arts, par sa traduction de Winkelmann, & par ſes Notices générales des graveurs &c. m'a auſſi beaucoup aidé de ſes conſeils, & ſa modeſtie ne ſouffrira point j'eſpere de l'hommage public que je lui rends aux yeux d'une nation qui a ſi bien apprécié ſes talens.

Schmidt avoit l'uſage de marquer les épreuves choiſies, d'un petit timbre avec ſon chiffre, & l'on trouve même des pieces qui ſont marquées deux jusqu'à trois fois, mais depuis ſa mort on a abuſé de la confiance des amateurs par cette déſignation.

J'avertis encore mes lecteurs que j'entens conſtamment par la droite ou la gauche de l'estampe la partie qui correſpond à la main droite, ou à la main gauche de celui qui la regarde.

Pour les meſures indiquées je me ſuis ſervi du pied du Roi.

Quelques ſoins que je me ſois donnés pour rendre ce catalogue auſſi complet que poſſible, en faiſant la deſcription de chaque eſtampe particuliere, je n'ai pu indiquer que les ſujets des No. 2, 34, 46, 105, 106 & 186. malgré toutes les peines que je me ſuis données pour me les procurer, leur extrême rareté a rendu mes recherches inutiles. C'eſt ici que je dois prevenir les amateurs de la grande difficulté de raſſembler l'oeuvre complet de Schmidt. Il a non ſeulement cela de commun avec tant d'autres artiſtes, mais encore ſes changemens de ſéjour dans des villes auſſi diſtantes, que Berlin, Paris & St. Petersbourg, où dans chacune de ces villes il a laiſſé une partie de ſes planches & des épreuves, rendent difficile de le raſſembler complet.

Je dois encore prevenir les amateurs d'être attentifs, lorsqu'ils ſont l'achat des eſtampes de Schmidt de ne pas confondre un nommé J. G. Schmidt vivant actuellement à Berlin, qui n'a jamais gravé que des vues, des châteaux, des jardins & objets pareils.

Les curieux obſerveront avec moi, que parmi les premiers ouvrages de Schmidt, l'on trouve des pieces mieux gravées que les ſuivantes: la raiſon en eſt, que ſon maître Buſch retouchoit & corrigeoit ſes planches, & que pendant ſon ſéjour à Paris il jouiſſoit de pareils ſecours & des inſtructions du célèbre Rigaud.

Dans chaque division j'ai placé les pieces d'après leur ordre chronologique. Sur plusieurs estampes on trouve l'année marquée par l'artiste même, sur les autres j'ai tâché de l'indiquer; malgré mon exactitude j'ai pu me tromper quelquefois d'un an, erreur de peu de conséquence. J'ai cru par cet arrangement indiquer aux amateurs & encore plus aux artistes les progrès que Schmidt a fait successivement dans son art.

ABRÉGÉ
DE LA VIE
DE
GEORGE-FRÉDERIC SCHMIDT.

George-Fréderic Schmidt, fils d'un drapier, naquit à Berlin le 24. Janvier 1712. Ses parens hors d'état de lui donner une éducation conforme à son génie, se virent obligés de le retirer de l'école des l'âge d'onze ans, pour lui faire apprendre le métier dont ils tiroient leur subsistance: mais l'enfant, entraîné par un goût invincible pour le dessin, employoit à cultiver cet art, toutes les heures que son travail ordinaire laissoit à sa disposition. Livré à lui même, sans conseil & sans instruction les deux premières années, il ne se laissa point décourager.

Enfin la fortune lui étant devenue plus propice, il eut la permission d'assister aux leçons gratuites de dessin qui se donnoient à l'Académie royale. Les objets qui frapperent des-lors ses yeux, devoient naturellement augmenter sa passion pour l'art. Il se sentoit de la disposition pour la peinture, & il vouloit à tout prix se livrer à son goût, mais le peu de fortune de ses parens, y mettoit un obstacle invincible. Son pere, homme très-assidu à son travail, exigeoit de son fils qu'il s'occupât plus sérieusement de l'état qu'il lui avoit donné. Le jeune Schmidt eut donc été perdu pour son art, si les directeurs de l'Académie, dont il s'étoit acquis la bienveillance par son zèle & par son assiduité, n'eussent pris sur eux le soin de le placer. Ils furent eux-mêmes contrariés dans leur projet, parceque dans ce moment il ne se trouva aucun peintre qui eut besoin d'un éleve; & leur protégé toujours persécuté par son pere se vit obligé, à son grand regret, de renoncer à la peinture & de choisir la gravure. Il s'attacha au graveur George-Paul Busch, qui à cette époque cherchoit un disciple.

Busch, parfaitement honnête homme, n'étoit pas assez habile dans son art pour suffire au génie ardent de son éleve; mais, il suppléa à ce défaut, en lui procurant toutes les occasions de consulter les ouvrages des grands maîtres, & en lui fournissant les moyens & le tems de se perfectionner sur les modeles des premiers graveurs. On sait combien il est difficile de parvenir à rendre le beau dans un art, à moins d'être guidé par un bon maître. Schmidt, se roidissant contre les difficultés, apportoit une application infatigable pour atteindre au degré de perfection qu'il admiroit dans ses modeles. Il avoit même fait d'assez grands progrès dans les trois premieres années de ses études, lorsqu'il lui arriva un accident, qui manqua de l'éloigner pour jamais de la carriere des arts. En 1730. il fut forcé de s'enrôler dans le corps d'artillerie. Quoique ce malheur le frappât sensiblement, il ne perdit pas courage, & il continua même dans cet état à cultiver son art avec la même ardeur. Il se nourrissoit de l'espérance, que la fortune lui fourniroit des moyens de quitter le service; il ne se trompa point, car lorsqu'on vit au bout de six ans, qu'il ne grandissoit pas, il reçut par l'entremise du Feld-Maréchal de Grumkow, le congé tant desiré.

Ce contre-tems n'avoit pu l'éloigner, ni de la gravure, ni de son maître; mais la méchanceté, & la jalousie d'un de ses condisciples, l'obligea en 1730. de le quitter. Comme ce malheureux a fait peu d'honneur à l'art, son nom ne mérite pas d'être consigné dans cette notice.

Dans le premier moment, Schmidt fut assez embarrassé pour trouver sa subsistance. Comme on ne connoissoit pas son mérite, il restoit sans ouvrage. Il commença donc à donner des leçons de dessin, pour avoir de quoi vivre, & pour continuer ses études. Il alloit régulierement à l'Académie, aux leçons publiques & particulieres; il gagna l'amitié de M. de Knobelsdorf, qui apprenoit le dessin dans le même tems, & qui pendant toute sa vie lui a donné des preuves sensibles de ses bontés.

Les progrès que Schmidt faisoit dans l'art, excitoient de plus en plus le désir qu'il avoit d'aller en France; une occasion inopinée combla ses voeux. Il partit pour Paris le premier Juillet 1736. Schmidt étoit accompagné de Hoeder, jeune peintre de Berlin, & M. Wille, qui se rendoit également à Paris, se joignit à eux à Strasbourg. Ils firent la route ensemble & arriverent dans cette patrie des arts à la fin de Juillet, époque où les arts florissoient le plus en France. C'est de ce voyage que date l'amitié qui a constamment subsisté entre ces deux célèbres graveurs. Schmidt, à son départ de Berlin, avoit amassé plus de cent rixdalers à l'occasion du portrait qu'il avoit fait du Patriarche Doroſtanus de Conſtantinople, dont il eſt queſtion au No. 93. de ce catalogue. Il avoit encore une bonne partie de cet argent en arrivant à Paris; car il avoit vécu d'économie en chemin.

C'étoit s'embarquer pour un nouveau monde, ſans y avoir des connoiſſances, ſans recommandations, & ſans ſavoir la langue; mais comme il ne manquoit pas de réſolution, il alla tout droit chez le peintre Lancret, ami de Pesne. Il lui fit part de ſon plan, des motifs de ſon voyage, & ſur-tout de l'envie qu'il avoit d'étudier à fond ſon art, & d'entrer pour cet effet chez un habile artiſte. Il lui montra ce qu'il avoit fait à Berlin, & Lancret qui en fut content, le mena lui même chez M. de Larmeſſin, habile graveur, avec lequel il s'arrangea bientôt. Avant de s'établir entièrement dans la maiſon de ſon maître, il grava d'après Lancret la belle Grecque & le jeune Turc. Pendant ſon ſéjour chez M. de Larmeſſin, quoiqu'il fut obligé ſelon la convention qu'il avoit ſignée de travailler pour ſon maître, il grava deux petits portraits pour le marchand d'eſtampes Odieuvre; mais il les grava en cachete, & pour cet effet il ſe levoit de très-grand matin & s'en occupoit pendant le tems que toute la maiſon dormoit encore, ainſi que les fêtes & les dimanches. Odieuvre ne lui payoit que vingt livres chaque portrait; c'étoit peu, mais Schmidt diſoit. „Il faut étudier, avoir de l'argent, & ſe „mettre en liberté.“ Il ſe mit effectivement en liberté, ſe logea en chambre garnie dans l'eſpoir d'être mieux payé. Il ſe trompa, il fut encore obligé de travailler pour M. de Larmeſſin & ſon marchand

Odieuvre. Le premier le payoit à la vérité mieux que le second, mais comme il ne pouvoit obtenir de l'un & de l'autre que douze épreuves avec son nom de ses planches, il se dégoûta absolument de travailler pour eux. Ennuyé d'ailleurs de graver des Contes de la Fontaine, le genre des portraits lui parut plus agréable. La beauté de son burin l'invitoit à ce travail, & Odieuvre en profita. C'est alors qu'il commença à graver ce nombre de portraits, qui portent l'adresse d'Odieuvre & dont il y en a plusieurs qui sont charmants, tels que l'Abbé Bignon, Law, Parrocel &c. Malgré cela Schmidt n'a jamais reçu, ainsi que bien d'autres graveurs de ce tems, plus de 48 livres par portrait; mais il fallut en passer par-là, du moins étoit-il assûré que son nom resteroit éternellement sur ses ouvrages & que tôt ou tard il seroit assez connu pour avoir des occupations plus importantes. Malgré le peu de profit que Schmidt avoit tiré jusqu'à ce moment de son burin, il ne laissa pas d'employer une partie de son tems au dessin, sachant que les arts qui ont la nature pour objet, doivent être cultivés & approfondis sans relâche. Quoiqu'il en soit, Schmidt fut enfin connu & plusieurs artistes de ses amis le prônèrent sincérement. Il eut des ouvrages & des honoraires analogues à son talent & à son mérite, & ce fut alors que son génie avide d'instruction trouva ce qu'il cherchoit, n'ayant jusqu'alors que tâtonné dans les ténebres. Larmessin de son côté avoit eu l'honnêteté de ne lui rien cacher & de lui procurer tous les avantages dont il avoit besoin en qualité de commençant. Mais un artiste peut-il cacher quelque chose à ses éleves qui voient faire

& qui ont ſous leurs yeux les ouvrages de tous les excellens graveurs?

Après avoir travaillé ſept mois chez cet artiſte il réſolut de s'établir & de travailler pour ſon compte. Dans cette poſition il ne cherchoit à gagner exactement que ce qu'il lui falloit pour ſubſiſter; il employoit le reſte du tems à ſe perfectionner dans ſon art & à lier connoiſſance avec les meilleurs artiſtes. Perſonne cependant ne s'intereſſoit plus vivement en faveur de Schmidt que le célèbre peintre Hyacinthe Rigaud qui donna en cette occaſion une grande preuve de ſa noble façon de penſer, en comblant de bontés notre jeune artiſte. Schmidt aiguillonné par la gloire, aſpiroit de parvenir au même degré où d'autres grands artiſtes étoient parvenus & déſiroit de donner au public quelques preuves de ſa capacité. Il fit part de ſon projet à Rigaud, & le pria de le ſeconder. Rigaud auſſi charmé qu'étonné de l'air réſolu du jeune artiſte, lui demanda s'il avoit les moyens d'entreprendre un ouvrage qui exigeoit beaucoup de tems? Schmidt lui ayant répondu qu'il avoit pris ſes meſures à cet égard, le peintre lui dit, en le frappant amicalement ſur l'épaule: „Je remarque en vous ce feu que j'aime tant chez les „jeunes gens. Voici un portrait dont l'original eſt „encore vivant (c'étoit celui du Comte d'Evreux). „Déployez-y toutes vos forces, vous n'aurez pas „ſujet de vous en repentir, vous pouvez compter „ſur moi."

Schmidt grava donc ce portrait, & mérita par ſon travail l'approbation de Rigaud, ainſi que celle du Comte d'Evreux, dont il reçut un préſent conſidérable, accompagné d'un remerciment obligeant.

M. Rigaud, redoublant d'amitié pour le jeune Schmidt, le mena un jour chez l'Archevêque de Cambray, pour lui faire obtenir l'agrément de graver son portrait. Ce Prélat ne lui cacha point, qu'il le trouvoit encore bien jeune; mais il céda aux instances de Rigaud, & après les avoir gardés à dîner, il renvoya Schmidt très-content de son accueil. Le Prélat ne conclut point de marché avec l'artiste, & pour lui faire voir, combien la recommendation de Rigaud lui donnait bonne idée de ses talens, il l'assûra, que sa reconnoissance seroit proportionnée au soin qu'il mettroit à son travail. Schmidt eut tout lieu de se louer de la générosité du Prélat; car lorsqu'il lui apporta la premiere épreuve de son portrait, il en reçut 3000 livres & une tabatiere d'or. Schmidt garda la planche pour lui & en tira un profit considérable; trait généreux que nous avons cru devoir rapporter. La voix publique le déclara alors un des meilleurs graveurs de l'Europe; aussi Schmidt fut-il plus sensible à cette distinction qu'au profit. M. de Knobelsdorf, devenu Intendant-Général des Bâtimens du Roi de Prusse, vint à Paris dans l'automne de 1740. Son premier soin fut de s'informer de son ancien camarade à l'Académie, dans l'intention de le ramener avec lui à Berlin, où le Roi, disoit-il, le rappelleroit dans peu; mais la premiere guerre de Silésie commencée vers ce tems recula cette époque de quatre ans. Pendant cet intervalle, Schmidt s'étoit acquis une telle réputation, que de Larmessin son premier maître l'engagea à se présenter à l'Académie. Schmidt ne voulut faire aucune démarche sans consulter Rigaud, s'imaginant d'ailleurs que sa qualité de Protestant pouvoit mettre des obstacles à sa réception. La même objection lui fut faite par Rigaud, qui ne crut pourtant pas la chose impossible & qui promit de s'en informer plus particulierement. Il s'adressa au Contrôleur-Général M. Orry qui se chargea d'en parler au Roi Louis XV. Peu de jours après l'Académie reçut la lettre suivante:

Fontainebleau, ce 3. Mai, 1742.

MESSIEURS,

Monsieur Schmidt graveur, a supplié le Roi de faire en sa faveur une exception à la loi, qui défend de recevoir aucun protestant dans les Académies royales, & de permettre qu'il se présente dans l'Académie de peinture & de sculpture. Sa Majesté, ayant égard au mérite particulier de M. Schmidt, connu pour s'être distingué dans la gravure, approuve sa demande, &c.

Je suis,

MESSIEURS,

Votre très-humble,

Orry.

Les obstacles étant levés, l'Académie sensible à la bonté du Monarque, s'empressa d'accueillir un artiste, dont elle connoissait le talent. Schmidt présenta ses ouvrages avant la fin du mois de Mai. Ils furent généralement approuvés, & on le chargea de graver pour son morceau de réception le portrait de Pierre Mignard. Cette planche fut terminée en 1744. après quoi il fut reçu par la voie du scrutin & avec les formalités ordinaires.

Des l'année 1743, sa Majesté le Roi de Prusse rappella Schmidt à son service en qualité de graveur de la cour, & le gratifia d'une pension. Les soins que Rigaud & Lancret s'étoient donnés pour applanir les obstacles de sa réception, n'avoient sans doute d'autres motifs, que de le fixer à Paris. Lorsque sa vocation à Berlin devint publique, le Trésorier-Général de l'ordre du St. Esprit, depuis Contrôleur-Général des finances, M. de Boulogne, employa tout son crédit pour l'engager à rester en France. Il lui représenta, que l'honneur lui tenant plus à coeur que le lucre, il n'y avoit point de pays, où l'art fut plus estimé qu'en France, „&, ajouta-t-il en ouvrant un tiroir rempli d'or: „Si vous manquez d'argent prenez en ici, tant qu'il „vous plaira, en attendant que je puisse faire da„vantage pour vous." Schmidt, quoique très-sensible à cette générosité, préféra sa patrie. Ferme dans sa résolution, il refusa une pension de 1200 livres que M. Orry lui offrit bientôt après, avec la perspective d'un logement au Louvre. Ayant reçu l'argent de son voyage de la part de son Roi, il partit de Paris au commencement de Septembre 1744. pour se rendre à Berlin, où il arriva, le 8. d'Octobre. Avant de quitter Paris, il dessina à plusieurs crayons le portrait de son ami Wille, qui le posséde encore, & sur lequel se trouve son nom & l'année 1744. Ce portrait est gravé à Paris 1753. à l'eau-forte par Rode. Schmidt possédoit à un haut degré le talent, qui n'est pas commun même chez les meilleurs graveurs, de dessiner d'après nature.

La seconde campagne de Silésie, ayant durée jusqu'à la fin de l'année 1745. Schmidt ne fut présenté au Roi qu'au mois du Juillet 1746. Ce fut par M. l'Intendant-Général de Knobelsdorf, & notre artiste eut lieu d'être content de l'accueil du Monarque. La Reine, mère du Roi, ayant desirée de le voir, il fut présenté à cette Princesse. qui le reçut avec beaucoup d'affabilité & accepta avec bonté quelques uns de ses ouvrages qu'elle admira, & pour lesquels elle lui fit présent d'une belle tabatiere d'or. Il épousa le 27. Octobre de la même année Dorothé-Louise Videbandt, fille d'un marchand de Berlin. Il vécut dans cette ville jusqu'en 1757. & il y travailla beaucoup, comme on le voit par son oeuvre. Ce fut à cette époque que l'Impératrice de Russie, Elisabeth, l'appella à St. Petersbourg en partie pour graver son portrait, & en partie pour faire des arrangements convenables à l'instruction des jeunes graveurs de l'Académie Impériale de cette ville. Les troubles causés par la guerre, le determinérent à accepter les offres avantageuses de la cour de Russie. Après avoir obtenu une permission tacite de son Roi, il s'engagea pour cinq ans. S'étant embarqué le 24 Août à Lubeck, il arriva heureusement à St. Petersbourg le 27 Septembre. Il jouit à cette cour de tous les honneurs auxquels un artiste de son mérite pouvoit aspirer, & il eut surtout à se louer de M. le Grand-Chambellan Ivanowitsch Schouwalow, dont l'amour pour les arts & la protection qu'il leurs accorde, sont suffisamment connus. Schmidt pendant son séjour à St. Petersbourg, a mis au jour de très-belles planches, parmi lesquelles on distingue surtout le portrait de l'Impératrice, figure en piéd d'après Tocqué. Ce portrait, qu'il avoit commencé en 1759. fut fini en 1761. six jours avant la mort de cette généreuse Souveraine. Elle l'avoit vu encore & elle en fut si contente, qu'elle donna ordre de payer au graveur mille ducats à titre de gratification, somme qu'il n'a jamais touchée, à cause de la mort de l'Impératrice.

Nous ne nous étendrons point ici sur les portraits des Comtes Woronzow, Schouwalow, Esterhazy, Rasoumowsky, & sur d'autres qu'il a publiés à St. Pétersbourg, parmi lesquels se trouve aussi le buste du Comte de Bruhl, Premier-Ministre du Roi de Pologne.

Les cinq années de son engagement étant écoulées, il obtint son congé. Pénétré des bontés de la cour, il quitta St. Pétersbourg le 2. d'Aout 1762. Sa Femme étant venue à sa rencontre à Hambourg; il arriva avec elle dans sa ville natale le 18 Septembre.

De retour à Berlin il reprit ses fonctions avec une nouvelle ardeur, & il enrichit le public de plusieurs planches estimées. Cependant depuis cette époque il a moins gravé au burin qu'à l'eau-forte. Les pieces qu'il a publiées dans le goût de Rembrandt seront toujours recherchées des vrais connoisseurs & le mettent au rang des plus célebres artistes du dix-huitieme siecle.

Schmidt mourut d'apopléxie à Berlin le 25 Ianv, 1775. au moment qu'il songeoit à faire son testament en faveur de plusieurs de ses anciens amis; & dans l'intention de léguer tous les objets qui concernent les arts à l'Académie Royale de Peinture de Paris. Ses héritiers, parmi lesquels se trouvent ses deux soeurs, étoient pour la plupart de pauvres artisans, à l'exception du Commissaire Royal Guericke. C'est ce dernier qui possède actuellement toutes les planches du fonds de Schmidt; les autres sont restées entre les mains de ceux qui les ont fait graver. C'est cet héritier qui vend aujourd'hui les épreuves de ces mêmes planches & celles de ses autres estampes, dont il s'est trouvé une partie considérable après la mort de l'artiste. Schmidt avoit coutume de tirer un bon nombre d'épreuves des planches qu'il avoit gravées pour d'autres.

Dans ses têtes gravées, soit d'après Rigaud & d'autres maîtres, soit d'après ses propres dessins, tout vrai connoisseur admirera toujours & l'intelligence ferme du peintre, & le contour énérgique du dessinateur.

On ne trouve, ni dans ses draperies, ni dans ses carnations, ni dans ses fabriques, aucun de ces travaux luisans, qui imitent l'acier & qui nuisent à l'harmonie du tout. Il est des détails que la nature a réservés aux seuls ouvrages en métal & que notre graveur a su rendre avec tant d'art dans ses armures, poignards, épées &c. Ces sortes de travaux jettent de l'éclat dans ses estampes; mais point dans ses étoffes, cheveux, linge &c. Ses fourures sont naturelles, & dans ses draperies on ne rencontre aucun plie mal-entendu; tout est distinctement prononcé dans ces ouvrages, soit par la diversité étonnante des détails dans la gravure, soit par l'application des couleurs dans la peinture.

A la vue de pareils ouvrages, il faut juger attentivement chaque trait, pour se former une idée nette du génie de l'artiste. Les avantages d'un graveur de la trempe de Schmidt, naissent de la force du dessin, que l'on remarquera toujours, surtout dans cette quantité de morceaux précieux, qu'il grava à l'eau-forte pour son amusement.

Pourrions-nous donner de meilleurs conseils aux artistes, jaloux de se faire un nom, que de les engager à étudier le maniement du burin & de la pointe de cet habile homme?

Quiconque saura dessiner comme Schmidt, trouvera qu'il est difficile d'être négligeant. Tout ce qu'il grava à l'eau-forte est, pour les vrais connoisseurs, un trésor que les tems à venir acheteront au poids de l'or, & pour les jeunes artistes une ressource capable de les guider dans leurs travaux. Pour preuve de ce que nous avançons, nous allons citer différens morceaux & nous croyons rendre service aux amateurs, qui ne sont pas curieux de former tout l'oeuvre, de leur indiquer quelques unes des plus belles pour en faire un choix, sans faire attention à la rareté plus ou moins grande de ces pieces.

1) Le portrait de St. Albin l'Archevêque de Cambray. No. 47.

2) Le portrait de Mignard. No. 59.

3) Le portrait de Pesne. No. 69.

4) Le portrait de l'Impératrice Elisabeth. No. 82.

5) La Résurrection de la fille de Jaïre. No. 165.

6) Le Philosophe dans sa grotte. No. 166.

7) La Présentation au Temple. No. 167.

8) St. Pierre après le reniement de son maître. N. 170.

Schmidt étoit honnête homme & ami de l'ordre; ses idées principales étoient tournées du côté de son art, dont il étudioit sans cesse les diverses parties. Il avoit senti de bonne heure, que la perfection seule produisoit la célébrité & procuroit l'aisance à l'artiste, jaloux d'acquérir l'une & l'autre. Ses efforts furent couronnés du plus grand succès. Avec de l'esprit naturel il aimoit la lecture, & se faisoit gloire d'être philosophe.

On a reproché à notre artiste d'avoir été jaloux de ses confreres, reproche sans fondement, puisqu'il n'y avoit que M. M. Wille & Daulé qui fussent ses égaux. Il étoit l'intime ami du premier, & marquoit la plus grande estime pour le burin de Daulé. Sans doute il ne pouvoit pas s'empêcher de voir que Daulé lui étoit fort inférieur pour le dessin; mais il n'en parloit jamais. Il étoit intime ami de Preisler, & sans exception de tous les artistes de quelque distinction qui vivoient alors. De qui auroit-il pu être jaloux, puisqu'il ne l'étoit pas des deux qui seuls pouvoient disputer de talents avec lui. Il ne pouvoit pas non plus être jaloux dans la suite de personne à Berlin, où certainement il ne trouvoit pas des rivaux, dignes d'exciter sa jalousie, & jamais dans aucun tems l'on a apperçu en lui la moindre trace de ce sentiment.

Il n'étoit pas ennemi de la plaisanterie, & plusieurs artistes, qui n'étoient pas de sa force, se sont plaint, qu'au lieu de répondre à leurs demandes par de bons avis, ils n'en obtenoient souvent que des remarques séches ou ironiques; mais Schmidt étoit bon juge, & quoiqu'enclin à la raillerie, il étoit juge très-sincere. D'après cela on peut se figurer que le présompteux artiste qui ne chercheoit que des complimens sur ses productions, ne devoit pas compter sur des conseils instructifs de sa part.

Schmidt avoit des vertus & des qualités louables, puisqu'il a eu de véritables amis parmi les vrais artistes. Les célèbres peintres Pesne à Berlin & Dietrich à Dresde, en faisoient un cas singulier. Pendant son séjour à Paris, il s'étoit lié d'amitié avec les meilleurs artistes tels qu'un Rigaud, un de Largilliere. Ses amis ordinaires avec lesquels il vécut familierement, étoient M. M. Massé, Parrocel, le Bas, les frères Dupuis, Coustou, Preisler, le Chevalier Cochin, de la Tour, & surtout le célèbre Wille. Les trois derniers, avec lesquels il a été en correspondance jusqu'à la fin de ses jours, l'ont pleuré en apprenant sa mort.

Tel fut Schmidt d'après le témoignage de ses contemporains. A l'âge de trente deux ans, il quitta Paris, & conserva toute sa vie le caractere qu'il avoit alors à quelques modifications près. Et à cet âge l'homme a ou doit avoir un caractere décidé. Il a été accusé d'avarice & de sévérité dans son domestique. La preuve qu'on en a donnée, c'est la conduite qu'il a tenu à l'égard de son fils unique mort avant lui. Ce fils étant souvent sans argent, lui déroboit ses belles estampes & les vendoit à vil prix pour s'en procurer; & Schmidt sans doute plus économe qu'avare, l'en reprenoit un peu sévérement, se souvenant d'avoir été à l'étroit dans sa jeunesse. D'ailleurs le père ne devoit-il pas connoître le caractère de son fils? Il est certain que s'il lui donnoit souvent moins d'argent qu'il en exigeoit, ce n'étoit que par prudence & pour le contenir par-là dans les bornes du devoir; & ce moyen n'ayant pas réussi, il fut obligé de le ramener de force à se corriger, ce dont le coeur paternel souffroit cruellement. Le chagrin qu'il éprouva à la mort de ce fils n'a pas peu contribué à le conduire au tombeau. Schmidt avant cette époque s'étoit toujours nourri de l'espérance de le conduire lui-même à Rome, lorsqu'il seroit assez avancé pour en profiter.

Schmidt étoit robuste, de moyenne taille & assez bien proportionné; sa physionomie étoit expressive, son visage un peu large & d'un pâle rembruni; il avoit le nez retroussé, les levres grosses, les sourcils noirs & de grands yeux de même couleur. Tout cela rendoit son abord assez sérieux, d'autant plus qu'il avoit la vue extrémement courte & qu'il étoit obligé d'approcher de très-près les objets pour les distinguer. Dès sa jeunesse il avoit de la disposition à devenir fort replet.

Sa femme, qui n'étoit pas des mieux partagées de la nature, est très-bien représentée en Couseuse dans le portrait qu'en a donné notre artiste.

Schmidt n'a formé à Paris qu'un seul éleve; c'est M. Ficquet, fils d'un professeur de l'université. Cet éleve resta plusieurs années chez lui, même jusqu'à son départ. M. Ficquet à fait honneur à son maître, & s'est rendu célèbre par ce fini prodigieux, qu'on trouve dans ses petits portraits. M. E. Tschemesoff fut son éleve à St. Petersbourg, & M. Antoine Auguste Beck & M. Daniel Berger, furent ses disciples à Berlin.

PREMIERE PARTIE.

GRAVURES AU BURIN.

PORTRAITS.

No. 1.

La tête d'un Chanoine. C'est le premier morceau que Schmidt a gravé, & dont il n'a tiré qu'environ 20 exemplaires: ce n'est d'ailleurs qu'une copie d'après le portrait de Nicolas Blampignon, Doct. Sorb. Pastor S. Mederici, qu'Edelink à gravé l'année 1702. d'après Vivien. Il est aisé de s'en convaincre en comparant l'original avec la copie, qui se trouve dans la précieuse collection de l'oeuvre de Schmidt, qui nous a servi de base pour la composition de ce catalogue. Elle est sans inscription & sans nom de graveur. La hauteur est de 4 pouces 6 lignes & la largeur de 3 pouces 2 lignes. Cette estampe doit être de l'année 1729.

No. 2.

La tête du Peintre Philippe de Champagne; d'après le portrait d'Edelink, que ce graveur regardoit comme son chef-d'oeuvre. Sans le nom de Schmidt.

No. 3.

Le port[illegible] du Prince Léopold d'Anhalt-Dessau, e[illegible] uste dans une bordure ovale. Il est tourné vers la main gauche de l'estampe & décoré du cordon & de l'ordre de l'aigle noir. Il porte une grande moustache & les cheveux en queue, mais courts d'ailleurs, & il est coiffé d'un chapeau singulierement retroussé. On lit en bas: Leopoldus Fürst von Anhalt-Dessau. Gravé par George Fried. Schmidt, à Berlin. Le nom du peintre ne s'y trouve pas, quoiqu'il doive être de Pesne. En comparant ce portrait à celui que Busch a gravé en petit in-folio, on voit d'abord que Schmidt l'a copié, sans pourtant y ajouter la branche de laurier qui se trouve sur le chapeau de l'original. La l. est de 2 p. 4 l. & la h. de 3 p. 6 l. L'on rencontre de ce prince un portrait d'après le même tableau & dans le même sens par M. Wille à Paris.

No. 4.

Le portrait du Pasteur Dieterich dans une bordure ovale, autour de laquelle on lit: Achatius Mathias Dietrich Prediger zu St. Marien in Berlin. Il est représenté avec l'habit ordinaire de prêtre luthérien, la main gauche sur sa poitrine. On voit au dessous ses armes portant deux passe-partout. Plus bas on lit 1 Cor. II. 2. Ich hielte mich — gekreutzigten. Ce portrait a eté fait à Berlin par Schmidt pour son maître Busch. C'est par cette raison, qu'on lit sur les épreuves ordinaires G. P. Busch sculpsit Berolini 1734. au lieu que dans les 150 premieres on trouve le nom de Schmidt. Ces dernieres sont d'une grande rareté. La h. est de 10 p. & la l. de 7 p. Après la mort du pasteur Dietrich, Busch a retouché ce portrait & y a fait quelques changemens. L'on distingue ces dernieres épreuves par ces mots ajoutés, Leichen-Text &c. & la date de sa naissance & de sa mort.

No. 5.

Le portrait du Pasteur Müller, représenté avec l'habit ordinaire de prêtre luthérien. On ne voit pas de mains. On lit en bas: Friederich Ludewig

Müller, Pastor zu St. Ulrich und Levin in Magdeburg. Cette gravure est sans le nom de Schmidt. & sans l'année. Elle est aussi très-rare. La h. est de 10 p. 3 l. & la l. de 7 p. 1. l. Cette estampe a eté gravée vers l'année 1734.

No. 6.

Le portrait de Klermond. La figure est représentée debout & jusqu'aux genoux; la tête est vue de trois quarts. L'inscription est: Johann Adam Klermond, Erb- und Gerichtsherr zu Neuenburg, Gülpen und Margraten &c. Natus 1673. d. 20. Jul. denat. 1731. d. 2. Jun. G.F. Schmidt sculpsit. Cette piece a été faite par notre artiste pour son maître Busch, qu'on trouve sur les épreuves du jour: mais les 150 premieres sont avec le nom de Schmidt, & par conséquent très-rares. Dans la collection que nous avons sous les yeux, il y a une épreuve sans les noms, ni de Busch, ni de Schmidt. La h. est de 17. p. 7. l. & la l. de 12 p. Elle doit être de 1734. La comparaison entre ce portrait & celui de Charles d'Hozier, gravé par Edelink d'après H. Rigaud, & conservé dans notre collection, fait voir que Schmidt a métamorphosé d'Hozier en Klermond, en imitant tous les détails, hormis la physionomie. Le portrait de la femme de Klermond a eté gravé à Berlin 1757. par J. G. Schmidt, & il faut bien se garder de l'attribuer à notre artiste; car, outre que les lettres initiales du nom prouvent le contraire, le travail même est très-inférieur aux ouvrages que Schmidt a faits dans ce temps là, par exemple les portraits de Lieberkühn, de la Mettrie &c.

No. 7.

Le portrait du Marggrave d'Anspach. Ce prince est représenté à mi-corps, debout, & dirigé vers la droite de l'estampe; sa tête est vue de trois quarts. Il est en cuirasse, & porte par dessus le manteau d'hermine. En bas on lit: Carl Wilhelm Friedrich, Marggraf von Anspach. George Friedrich Schmidt. Sculps. à Berlin 1735. La h. est de 9 p. 3 l. & la l. de 7 p. 2 l.

No. 8.

Le portrait de la Marggrave d'Anspach. Cette princesse est représentée à mi-corps, debout & dirigée vers la gauche de l'estampe. Sa tête est vue de trois quarts. Elle est parée, le manteau d'hermine descendant de ses épaules. En bas on lit; Friederica Louisa, Marggraeffin von Anspach. George Friedrich Schmidt sculps. à Berlin. 1735. C'est le pendant du No. précédent, & il est de la même grandeur.

No. 9.

Le portrait de Scarron, en buste dans une bordure ovale. Son corps est dirigé vers la droite de l'estampe. La tête, vue de trois quarts, est penchée vers la main gauche. Il est ajusté d'une draperie très-simple, ayant les cheveux épars & portant une petite moustache, avec un rabat. En bas on lit cette inscription: Paul Scarron Mort à Paris le 14. Octobre 1660. Boizot del. G. G. Œ. S°°°. sculps. Sans l'année qui est 1736. Il y a de cette estampe des épreuves avant la lettre qui sont très-rares. La h. est de 4 p. 11 l. & la l. de 3 p. 5 l.

No. 10.

Le portrait du Diacre Pâris, dans une bordure ovale, avec l'inscription: B. H. François de Pâris, Diacre de l'Eglise de Paris. Mort le premier Mai 1727.

Il est représenté en buste dirigé vers la gauche de l'estampe, en habit d'ecclésiastique, en petit collet & en manteau court, la tête, qui est nue, est vue de trois quarts, & les cheveux sont tous plats. On lit en bas: Donnés Seigneur — St. Fils Jésus. Act. 4, 29. 30. On n'y voit, ni le nom de Schmidt, ni l'année. La h. est de 4 p. 10 l. & la l. de 2 p. 10 l. Cette estampe est très-rare, & doit être de l'année 1737 — 1739.

No. 11.

Le même Diacre Pâris à genoux devant un prie-dieu, vers la gauche de l'estampe. Il tient un crucifix entre les mains jointes, derriere lui se trouve une chaise, & dans le fond du mur, une horloge de sable, & quelques livres sur une tablette. On lit en bas: François de Pâris, pénétré que par lui-même — agé de 37 ans & 10 mois. La h. est de 5 p. 3 l. & la l. de 3 p. 3 l. Cette estampe doit être de l'année 1737 — 1739.

No. 12.

Le portrait du Prêtre Tournus, tourné vers la droite. Il est représenté jusqu'aux genoux, & il est assis devant une table, sur laquelle il se penche. Il porte l'habit ordinaire d'ecclésiastique avec le petit collet. Sa tête est couverte d'une calotte, au dessous de laquelle on voit quelques cheveux. La main gauche, dans laquelle il tient un crucifix qu'il contemple, est appuyée sur la table, la droite sur sa poitrine. On voit sur la table trois livres, dont un est ouvert, & une montre avec sa clé. Il y a dans les lointains une planche attachée à la muraille sur laquelle on voit une espèce de pierre. Au dessous de cette planche est une lampe de terre. Sur le bord de la table on distingue le monogramme ℱ. & sur le dos d'un de trois livres, on voit pareillement R. Au dessous de la planche se trouve l'inscription: Firminus Ludovicus Tournus, Presbyter. Lugduni natus 25. Nov. 1672. Obiit Parisiis 30. Nov. 1733. Au dessus de la planche on voit le mot Thau, & dans le coin gauche de la planche, tout en bas se trouvent les trois lettres O. P. N. La planche est sans nom & sans année. La h. est de 8 p. 2 l. & la l. de 6 p. 5 l. Cette piece doit être de 1736 — 1739.

No. 13.

Le pélerinage de piété, ainsi qu'on lit au haut de l'estampe. Les deux figures, qu'on y voit, représentent, l'une le prêtre Tournus, & l'autre le diacre Pàris. Ils sont habillés en ecclésiastiques avec le petit collet. Tournus porte une calotte, & Pàris, orné d'une étole sur la poitrine, est nue tète. Le premier porte son chapeau rond sous le bras droit, & le second tient un livré ouvert dans la main gauche, parlant à Tournus, vers lequel il dirige la tête. Tournus s'appuye sur un bàton qu'il tient dans la main droite. Tous deux dirigent leurs pas vers la gauche de l'estampe, ce qui a fait donner à cette pièce le titre de pélerinage. Le lointain offre un paysage, avec une colline, une chapelle avec un clocher &c. L'inscription en bas est: M. Firmin Louis Tournus Prêtre, & François de Pàris Diacre. L'amour de la pénitence les a unis par les liens de la vérité & de la charité. On lit encore les vers suivans: Illis summa — souverain délice. Il y a au milieu de l'inscription des armes, où l'on apperçoit le St. Esprit sous la figure d'une colombe. Cette estampe, au jugement unanime des connoisseurs & au dire de M. de Heinike, est de la plus grande rareté *). Elle ne porte, ni le nom de Schmidt, ni l'année, quoiqu'elle soit certainement de son burin, & qu'il l'ait faite vers l'année 1737-1739. La h. est de 14 p. 11 l. & la l. de 11 p. 9 l. Feu M. de Borcke à Berlin possédoit, dans sa belle collection d'estampes, une épreuve qui n'étoit pas tout-à-fait achevée, & qui, après son décès, fut vendue publiquement à Amsterdam au Sieur Notthenius. On y voit au bas du bord, l'esquisse d'une main qui tient un livre, & qui est mieux dessinée que celle sur l'estampe, main que vraisemblablement l'artiste a voulu substituer: sur le même bord se trouve aussi à droite écrit à la plume Schmidt sc. Il existe de cette estampe une copie de 5 p. 4 l. de h. & de 3 p. 3 l. de l., dans le même sens & avec les mêmes vers que l'original.

No. 14.

Le portrait du Prêtre d'Avollé. Il est en buste, dirigé vers la gauche de l'estampe, habillé en ecclésiastique en manteau court, & en perruque avec une calotte: la tête est un peu penchée vers la main droite. On lit dans la bordure ovale: Dominicis gaudens lucris & damnis moerens, & en bas se trouve l'inscription: M. Hercule Meriadée d'Avollé. Predavid Prêtre du Diocése de Paris, Licentié en Théologie de la Maison & Société Royale de Navarre, décédé le 25. Jan. 1738. Schmidt sc. Il y a des armes au dessus de cette inscription. La h. est de 8 p. 8 l. & la l. de 5 p. 9½ l. Cette estampe, qui est très-rare, & dont l'artiste lui même ne possedoit point d'épreuves, paroît être de 1737.

*) Les deux dernieres estampes, savoir le portrait de Pâris à genoux, & celui du prêtre Tournus, ne sont pas moins rares; il n'y a que le hazard qui puisse fournir ces trois estampes aux curieux. Schmidt même ne les possédoit pas.

No. 15.

Le portrait du Peintre Parrocel, en buste devant un chevalet dans une bordure ovale. Le corps, entouré d'une large draperie, est dirigé vers la main gauche de l'estampe, la tête coiffée d'une perruque est vue de trois quarts & en bas se trouve l'inscription: Joseph Parrocel, deBrignolles en Provence, peintre de Battlles Conser de l'Académie Royale de Peinture & de Sculpture, né en 1648. mort à Paris le 1. Mars 1704. âgé de 56 ans, 6 Mois. Hytie. Rigaud pinx. G. F. Schmidt sculps. Sans année. Nous venons de voir une épreuve de ce portrait, dont Schmidt avoit gravé lui-même l'inscription avec l'année 1737. Il usait de cette petite supercherie parce qu'Odieuvre faisoit toujours difficulté de donner une douzaine de bonnes épreuves au graveur. Schmidt se bornoit ordinairement à un petit nombre d'épreuves, qu'il faisoit tirer sous ses yeux & qui suffisoit pour donner à des artistes ou amateurs de ses amis. Avant de livrer la planche il faisoit effacer sa propre inscription, le marchand la faisoit graver à sa fantaisie & comme on la trouve aujourd'hui. Telle est l'origine de la rareté des épreuves avec l'inscription du burin de Schmidt, épreuves très-recherchées des amateurs. Celles avant la lettre sont aussi très-difficiles à trouver. La h. est de 5 p. 2 l. & la l. de 3 p. 7½ l.

No. 16.

Le portrait du Roi de Prusse, en buste dans une bordure ovale. Le monarque, qui est cuirassé & décoré du cordon de l'aigle noir, est vu en profil & tourné vers la droite de l'estampe. Il porte une perruque à queue, comme on le voit ordinairement sur ses monnoyes. Au dessous on lit; Frederic Guillaume,

Roi de Prusse &c. Pesne pinx. à Berlin. Schmidt sculps. à Paris. La h. est de 5 p. 2 l. & la l. de 3 p. 8 l. Aux secondes épreuves, après que la planche a été retouchée, se voit cette différence, que les noms des artistes se trouvent au dessus du piédestal, & que les caractères de l'inscription sont plus petites, avec l'addition — né à Berlin le 4. Aout, 1688. & plus bas à la marge: à Paris chés Odieuvre &c. Elle est de l'année 1737-1739.

No. 17.

Le portrait de l'Amiral de Coligny, en buste dans une bordure ovale. L'Amiral est représenté en cuirasse, la tête, vue de trois quarts & dirigée vers la droite de l'estampe, est couverte de cheveux courts tout plats. Il porte une barbe courte avec une moustache, & une fraise autour du col. En bas on lit l'inscription: Gaspar de Coligny Amiral de France: né le 16. Feb. 1516. Mort à Paris le 24. Aout, 1572. F. G. Schmidt sculps. Sans année. La h. est de 4 p. 11 l. & la l. de 3 p. 6 l. Il a été fait en 1737-1739.

No. 18.

Le portrait du Duc de Villars, en buste dans une bordure ovale. Il est représenté en cuirasse avec les décorations de l'ordre du St. Esprit. La tête, ornée d'une grande perruque, est tournée de trois quarts vers la droite de l'estampe. En bas se trouve l'inscription: Louis Hector, Duc de Villars, Maréchal-Général des Camps & Armées du Roy; baptisé à Moulins le 21 May 1653. mort à Turin le 17. Jun. 1734. H^the. Rigaud pinx. G. F. Schmidt sc. L'année n'est pas marquée. Il y a de cette estampe des épreuves avant la lettre, qui sont très-rares. La h. est de 4 p. 10 l. & la l. de 3 p. 6 l. Elle est de l'année 1737 — 1739.

No. 19.

Le portrait de Perichon, en buste dans une bordure ovale. Il est tourné vers la droite de l'estampe, la tête, coiffée d'une perruque, est vue de trois quarts. Il est vêtu en homme de robe avec le rabat, au dessous duquel pend la croix de l'ordre de St. Michel. On lit en bas l'inscription: Camille Perichon, Chevalier de l'ordre du Roy, Conseiller d'Etat ord. & prévôt des March[ds.] à Lyon. Né à Lyon le 8. Fevrier 1679. C. Grandon pinx. G. F. Schmidt sculps. Sans année. La h. est de 4 p. 11 l. & la l. de 3 p. 5. l. C'est en l'année 1737 — 1739. que ce portrait a été fait.

No. 20.

Le portrait de l'Abbé Bignon, en buste dans une bordure ovale. Le corps est dirigé vers la droite, mais la tête, qui est vue de trois quarts, est tournée vers la gauche de l'estampe. Vêtu en abbé, il porte le manteau, le rabat & une courte perruque. Il y a de cette piece deux différentes épreuves. Les unes portent en bas l'inscription suivante: Jean Paul Bignon, Abbé de St. Quentin, Cons[r.] d'Etat ordinaire, Président des Académies; & à la marge tout en bas on lit Hya. Rigaud pinx. G. F. Schmidt sculps. 1737. Les autres portent pour inscription: Jean Paul Bignon, Abbé de St. Quentin, Doyen des Conseillers d'Etat, Biblioth[re.] du Roy des Acad[e.] fr[se.] des sc[es.] des belles lettres &c. Né à Paris le 19. Septembre 1662. & à la marge tout en bas on lit; H[the.] Rigaud pinx. F. G. Schmidt sculps. Sans l'année. Il faut bien faire attention qu'à ces dernieres épreuves l'F. du nom de Schmidt est mis avant le G. Les épreuves, qui sont très-rares, sont celles avec la lettre, mais avant le Doyen, & le Bibliothécaire du

Roy. La h. eſt de 5. p. & la l. de 3 p. 6. l. Elle eſt de l'année 1737—1739.

No. 21.

Le portrait de Law, en buſte dans une bordure ovale. La tête coiffée d'une grande perruque, dont une boucle lui tombe ſur l'épaule gauche, eſt tournée vers la droite de l'eſtampe. Il porte une cravatte, & il eſt ajuſté d'une longue draperie. On lit en bas l'inſcription: Jean Law, Controlleur-Général des Finances, ſous la Reg$^{ce.}$ Né à Edimbourg, mort à Veniſe âgé de 60 ans, & ſur le bord de la maçonnerie en haut: Hyac. Rigaud pinx. G. F. Schmidt ſc. Quoique ce portrait ne porte pas l'année, on ſait qu' il a été gravé en 1737-1739. Les épreuves avant la lettre ont dans la marge en bas, Hya. Rigaud pinx. G. F. Schmidt ſc. Elles ſont très difficiles à trouver. La h. eſt de 5 p. 2 l. & la l. de 3 p. 8 l.

No. 22.

Le portrait de J. B. Rouſſeau, en buſte dans une bordure ovale. La tête, coiffée d'une perruque ronde, eſt vue de trois quarts. Il porte un habit très-riche, & il eſt ajuſté ſur l'épaule gauche d'une ample draperie. L'inſcription en bas eſt: Jean Bap$^{te.}$ Rouſſeau. Né à Paris en 1671. J. P. Sauvage pinx. G. F. Schmidt ſculpſ. Sans année. Il y a des épreuves avant la lettre, qui ſont rares. La h. eſt de 5 p. & la l. de 3 p. 6 l. Ce portrait eſt de l'année 1737 — 1739.

No. 23.

Le portrait de Milton, en buſte dans une bordure ovale. Le poëte anglois eſt vu de trois quarts, & a les cheveux flottans. Il eſt entouré d'une draperie,

& porte une fraiſe dont les houpes pendent à ſon col. On lit en bas: Jean Milton. Né à Londres en 1608. Mort en 1674. âgé de 66 ans. F. G. Schmidt ſculpſ. Au deſſus de cette inſcription on voit les armes de Milton. Ni le nom du peintre, ni la date de l'année ne ſont marqués. La h. eſt de 5 p. & la l. de 3 p. 6 l. Il doit avoir été fait vers 1737 — 1739.

No. 24.

Le portrait de Thevenard, en buſte dans une bordure ovale. Il eſt vu de face en action de chanter, & en chemiſe, qui eſt ouverte & qui laiſſe voir la poitrine. La partie droite de ſon corps eſt enveloppée d'une draperie. La tête eſt coiffée d'un bonnet de fourrure orné d'une plume blanche. En bas ſe trouve l'inſcription: Gabriel-Vincent Thevenard Penſion^{re.} du Roy pour la Muſique. Né à Paris, le 10 Août, 1669. Gueslin pinx. G. F. Schmidt ſculpſ. Sans année. La h. eſt de 4 p. 11 l. & la l. de 3 p. 5½ l. Il eſt de l'année 1737-1739.

No. 25.

Le portrait du Miniſtre du Boſc, en buſte dans une bordure ovale. Il eſt vu de profil, portant l'habit d'eccléſiaſtique proteſtant avec le rabat, & une perruque. On lit en bas; P. du Boſc, Miniſtre à Caen. né à Bayeux en 1623, mort à Rotterdam, en 1692. tiré du cabinet de Madame le Gendre ſa fille. Chevalier del. G. F. Schmidt ſculpſ. Sans année. On a auſſi des épreuves avant la lettre, mais elles ſont très-rares. La h. eſt de 4 p. 11 l. & la l. de 3 p. 6 l. Il date de l'année 1737 — 1739.

No. 26.

Le portrait d'Anne d'Autriche, en buste, dans une bordure ovale. La Reine est tournée vers la droite de l'estampe, & le visage est vu de trois quarts. Elle est vêtue du manteau royal, doublé d'hermine. Au bas se trouve l'inscription: Anne d'Autriche, Reine de France. Morte à Paris le 20. Janv. 1666. Agée de 64 ans. Van Loo pinx. G. F. Schmidt sculps. Sans année. Au dessus de cette inscription on voit les armes de France & d'Autriche. La h. est de 4 p. 11 l. & la l. de 3 p. 6 l. Ce portrait paroît être de l'année 1737 — 1739.

No. 27.

Le portrait de Mlle. le Couvreur, en buste, dans une bordure ovale. Le corps est représenté de front; mais la tête est vue de trois quarts, les cheveux sont légérement ajustés, & une tresse lui tombe sur l'épaule gauche. Elle a le sein découvert. Le reste du corps est enveloppé d'une draperie. Au bas on lit l'inscription: Adrienne le Couvreur Actrice du Théatre françois. Née à Fimes en 1690. Morte à Paris le 20. Mars 1730. Fontaine pinx. F. G. Schmidt sculp. L'année n'est pas indiquée; mais doit être 1737 - 1739. Il y a des épreuves avant la lettre & elles sont rares. La h. est de 4 p. 11 l. & la l. de 3 p. 6½ l.

No. 28.

Le portrait de la Marquise de Sévigné, en buste dans une bordure ovale. Le corps est dirigé vers la gauche de l'estampe, & le visage est vu de trois quarts. Elle a le sein découvert, portant un collier de perles, & les cheveux frisés, surmontés d'un voile, dont une partie lui tombe sur l'épaule gauche. L'inscription est:

Marie de Rabutin Chantal, Marquise de Sévigné. Née le 5 Fevr. 1626. Morte au château de Grignan en Provence en 1696. Ferdinand pinx. G. F. Schmidt sculps. Au dessus de l'inscription on voit les armes de la Marquise. Sans année, quoique la pièce soit de 1737-1739. La h. est de 4 p. 11 l. & la l. de 3 p. 6 l.

No. 29.

Le portrait de Madame des Houlieres, en buste dans une bordure ovale. Elle est représentée de front, la tête un peu tournée & penchée vers sa droite. Ses cheveux sont ajustés, & son voile tombe en arriere. Elle a le sein découvert, & le corps enveloppé d'une draperie, qu'elle serre de la main droite. En bas il y a l'inscription: Antoinette de la Garde veuve de G^me. de la Fon de Boisguerin Seign^r. des Houlieres, Morte à Paris le 17. Fevr. 1694. âgée de 56 ans. M^le. El. Sophie Cheron pinx. G. F. Schmidt sculps. Au dessus de l'inscription se trouvent les armes de cette dame. Sans année, qui est 1737 — 1739. La h. est de 4 p. 11 l. & la l. de 3 p. 6 l. Il existe une copie de cette estampe dans la suite des Desrochers.

No. 30.

Le portrait de Ninon de l'Enclos, en buste dans une bordure ovale. Son corps est dirigé vers la gauche de l'estampe, & sa tête est presque vue de face. Elle a le sein très-découvert. La tête est coiffée dans le goût de son temps, & elle porte un collier de perles. L'inscription en bas est: Ninon de l'Enclos, née à Paris. Morte le 17. Oct. 1705. âgée de 90 ans. Ferdinand pinx. G. F. Schmidt sculps. Sans l'année, qui est vraisemblablement 1737 — 1739. La h. est de 4 p. 10 l. & la l. de 3 p. 6 l. Il y a une copie de ce portrait dans la suite des Desrochers.

No. 31.

Le portrait de M$^{e.}$ de la Vigne, en buste dans une bordure ovale. Le corps est tourné vers la droite de l'estampe, & le visage est vu de trois quarts. Les cheveux sont arrangés dans le goût de son temps en boucles, dont une lui tombe sur l'épaule droite. Elle a le sein découvert, & porte un collier de perles. En bas se trouve l'inscription suivante: Anne de la Vigne. Née à Vernon, morte à Paris en 1684. Ferdinand Pinx. G. F. Schmidt sculps. Sans l'année, qui est 1737-1739. La h. est de 5 p. 2 l. & la l. de 3 p. 7 l.

No. 32.

Le portrait du Pere Sanadon, en buste dans une bordure ovale. Le corps & la tête sont dirigés vers la droite de l'estampe, & le visage est vu de trois quarts. Il porte l'habit de Jésuite; les cheveux qui ne sont pas couverts de sa calotte, tombent négligemment. En bas se trouve l'inscription: Noël-Etienne Sanadon, de la Comp$^{e.}$ de Jésus. Né à Rouen le 16. Fevrier. 1676. Mort à Paris le 22. Octobre 1733. Le Cars delin. G. F. Schmidt sculps. La h. est de 5 p. & la l. de 3 p. 6 l. Il y a de ce portrait des épreuves avant la lettre, mais elles sont difficiles à trouver. Ce même portrait est aussi employé pour le Père Daniel; voyez No. 34. Il en existe une copie, qui entre dans la suite des hommes célèbres de Desrochers.

No. 33.

Le portrait du Roi Charles XII. de Suéde, en buste dans une bordure ovale. Le corps est un peu dirigé vers la main droite de l'estampe, & la tête, qui est vue de trois quarts, est tournée vers la gauche. Il porte l'uniforme suédois, avec lequel il est ordinairement peint. Il a le chapeau sous le bras gauche, & il a les cheveux herissés, avec une cravatte autour du cou. On lit en bas: Charles XII. Roy de Suéde. Krafft pinx. Lundini Senorum. 1717. C. L. Duflos sculps. Quoique le nom de Schmidt ne se trouve pas sur ce portrait & qu'il ait celui de Duflos, il est pourtant hors de doute que Schmidt n'en soit le graveur, & M. Wille l'a vu travailler à ce portrait. La h. est de 4 p. 5 l. & la l. de 2 p. 11 l. Il est de 1738. & a été gravé pour le compte d'Odieuvre *).

No. 34.

Le portrait du Pere Daniel. Le même dont nous avons fait mention à l'article du pere Sanadon: voyez No. 32. Il est fait dans l'année 1737—1739.

No. 35.

Le portrait du Dauphin, fils de Louis XV. en ovale, entouré d'ornemens. Il est représenté à mi-corps, dirigé vers la gauche de l'estampe, & la tête penchée vers l'épaule gauche. Le visage est vu de trois quarts. Il porte la cuirasse, sur laquelle on voit le cordon de l'ordre du St. Esprit, & un peu plus bas une partie du manteau royal, parsemé de fleurs de lys & fourré d'hermine. La tête est nue, & les cheveux flottent négligemment; sous le menton il porte un

*) C'est à cette époque que Schmidt cessa de travailler pour ce marchand, étant assez occupé à des ouvrages de plus grande importauce. Les portraits dessus mentionnés, depuis Gaspard de Coligny jusqu'à celui-ci, ont été gravés par Schmidt pour Odieuvre, marchand d'estampes quai de l'école, où il vendoit ces portraits à choisir & dont ceux de No. 17, 22, 23, 25, 26, 27, 29, 30 & 32. ont été effectivement employés ensuite dans l'Europe illustre in-4to à Paris, 1755.

noeud de ruban. La h. eſt de 8 p. 6 l. & la l. de 6 p. Les épreuves avant les ornemens ſont extrêmement rares. Schmidt n'a fait que la tête. Il eſt de l'année 1737.

No. 36.

Le portrait de Thibouſt, en buſte dans une bordure ovale. Le corps eſt repréſenté de face, mais la tête eſt tournée vers la droite de l'eſtampe. Le viſage eſt vu de trois quarts. Il porte une robe de chambre d'une étoffe à ramages & un bonnet de velours avec une cravatte blanche. Sur la tête on voit quelques cheveux courts blanchis par les ans. L'inſcription eſt: Claude-Louis Thibouſt, imprimeur & libraire, né à Paris le 14. Novembre 1667. Mort le 22. Avril 1737. J. Daullé ſculpſ. Bien que le nom de Schmidt ne ſe trouve pas ſur ce portrait, & qu'il y ait celui de Daullé, on ſait qu'il eſt de Schmidt. La h. eſt de 5 p. 2 l. & la l. de 3 p. 8 l. Il eſt fait dans l'année 1737.

No. 37.

Le portrait du Grand Prieur de Vendôme, figure entière, vraiſemblablement d'après Nattier. Il eſt repréſenté debout, appuyé à gauche ſur un piédeſtal ſur lequel ſe trouve le manteau d'hermine & le casque, orné de plumes, avec la viſiere ouverte. Il tient de la main droite le bâton de Maréchal qu'il dirige ſur quelques galeres en mer; il eſt en uniforme, couvert d'une cuiraſſe avec la croix de Malthe. Derrière lui on voit un haut rocher, au ſommet duquel il y a un ancien fanal. A côté de lui un tambour, des canons, des ancres avec leurs cables &c. La h. eſt de 27 p. 10 l. & la l. de 17 p. Cette planche, faite vers les années 1737 — 1738. n'a point été achevée, & a eu le fort d'être coupée en pièce; L'on ne voit fur l'épreuve que nous avons devant nous, & qui eft accompagnée d'une contre-épreuve, aucune infcription, & les chairs ne font point terminées. Le deffin original de Schmidt fe trouve dans la collection de M. Crayen à Leipzig.

No. 38.

Le portrait de l'Archevêque de Narbonne, avec des ornemens pour fervir de vignettes, à fon oraifon funèbre. Le prélat eft repréfenté en bufte dans une bordure ovale. Le corps & la tête font tournés vers la droite de l'eftampe. Le vifage eft vu presque de face. Il eft en perruque, couvert d'un manteau d'hermine & décoré d'une croix de l'ordre du St. Esprit, attaché à un large ruban. Les ornemens qui entourent ce portrait font des emblêmes de la prélature, au côté gauche font la croix, la mitre, le livre des évangiles & l'étole, au côté droit, la croffe, le chapeau & deux livres. Ce portrait eft gravé d'après H. Rigaud au burin, mais les ornemens font à l'eau forte, faits par M. Cochin fils. On n'y trouve, ni les noms des artiftes, ni l'année qui eft 1738. La h. eft de 2 p. 9 l. & la l. de 4 p. 1 l.

No. 39.

Le portrait de Scarlati, dans une bordure ronde. Il eft repréfenté à mi-corps, dirigé vers la gauche de l'eftampe, fon habit eft national, doublé de fourrure. Il porte une grande barbe avec des moustaches. Sa tête eft couverte d'un bonnet de fourrure. Dans la bordure on lit: Conftantinus Scarlati: Moldaviae Princeps. L'infcription fur le piédeftal eft, Mufas Augufti — affectat Olympo. A côté des armes qui fe trouvent entre la bordure & le piédeftal on lit; G. F.

Schmidt sculpsf. Parisiis. Le nom du peintre n'y est pas, on croit que c'est Liotard de Geneve qui l'avait dessiné à la sanguine. Cette estampe est extrémement rare & une des plus belles de son oeuvre. La h. est de 11 p. 2 l. & la l. de 8 p. 1. l. L'on a une copie de ce portrait de grandeur in-8°. gravée par Petit, avec la différence du motto: Regificos — amore. Ce portrait a été gravé dans les années 1737 — 1738.

No. 40.

Le portrait de Caylus, Evêque d'Auxerre. Il est représenté avec l'habit épiscopal, & assis à une table, sur laquelle il pose sa main droite. Il avance la gauche vers la table, qui est couverte de papiers, de livres, d'une écritoire &c. On lit sur les papiers: Ordonnances Synodales 1738. L'inscription au milieu de laquelle sont les armes de l'évêque, est: Charles Gabriel de Tubieres de Caylus, Evêque d'Auxerre. Fontaine pinxit. Schmidt sculpsit. Tout ce qui orne la table, qui est à côté du prélat est gravé par M. Wille. Cette estampe est rare. La h. est de 17 p. 6 l. & la l. de 12 p. 11 l. C'est dans l'année 1739. que ce portrait à été gravé.

No. 41.

Le portrait du Pape Benoît XIV, dans une bordure ovale. Le Pontif est représenté à mi-corps, tourné vers la gauche de l'estampe, en habit papal. Dans la bordure on lit: Benedictus XIV. Bonon. Romanus Pontifex Maximus, creatus anno Dom. MDCCXL. Sur le piédestal sont ses armes. Au côté gauche du piédestal on lit: L. Cars filius sculpsf. & plus bas encore, même hors de l'estampe, se trouve: A Paris chez J. Fr. Cars, rue St. Jaques. Schmidt n'a fait de ce portrait que la tête, le reste est par Cars qui y'a substitué son nom. Il est très-rare. Le nom du peintre ne s'y trouve pas. La h. est de 9 p. 7 l. & la l. de 7 p. 1 l. Les épreuves sans les armes sont d'une grande rareté. Il est de l'année 1739.

No. 42.

Le portrait du Comte d'Evreux. Il est représenté jusqu'aux genoux, tourné vers la gauche de l'estampe, cuirassé, & la main gauche appuyée sur le bâton de commandement. Devant lui est un casque sur un rocher & derriere on voit un combat de cavalerie. L'inscription est: Louis de la Tour d'Auvergne, Comte d'Evreux, Lieutenant-Général des Armées du Roy, Colonel général de la Cavalerie françoise & étrangere, Gouverneur de l'Isle de France &c. Présenté à Son Altesse Monseigneur le Comte d'Evreux par son très-humble & très-obéissant Serviteur Schmidt. Peint par Hyacinthe Rigaud. Chev. de l'ordre de St. Michel, gravé par George Frederic Schmidt à Paris en 1729. Cette belle estampe fut exposée au salon de l'Académie en 1742. Une épreuve, que nous avons devant nous, & sur laquelle tous les accessoires sont terminés, sans qu'il ait encore touché au visage, prouve que notre artiste réservoit pour la fin cette partie essentielle d'un portrait. La h. est de 18 p. & la l. de 12 p.

No. 43.

Le portrait du Comte de la Marche, en buste dans une bordure ovale. Le corps armé d'une cuirasse & la tête couverte d'une perruque, sont tournés vers la droite de l'estampe. Le visage est vu de trois quarts. On lit en bas: Son Altesse Sérénissime Monseigneur le Comte de la Marche. P. de Lorme pinx.

Schmidt sculps. Ce portrait du Comte de la Marche, depuis Duc d'Orléans, a servi de thèse. On en a tiré peu d'exemplaires, aussi sont-ils très-rares. La h. est de 16 p. 6 l. & la l. de 12 p. Cette estampe est de l'année 1740. & M. Wille y a travaillé.

No. 44.

Le portrait de J. B. Rousseau, vu jusqu'aux genoux. Il est assis à une table sur laquelle il appuye la main droite dont il tient des papiers. Dans la gauche il a une plume. La tête est tournée vers la droite de l'estampe. Ce portrait se trouve à la tête de la belle édition des Oeuvres de ce poëte célèbre en 3 Tomes in-4°. à Bruxelles 1743. L'inscription est: Joannes Baptista Rousseau. Natus Anno 1670. Certior in nostro carmine vultus erit. Mart. L. 7. Ep. 84. J. Aved pinx. G. F. Schmidt sculps. La h. est de 11 p. 1 l. & la l. de 7 p. 11 l. Cette estampe, qui est très-rare, est de l'année 1740. & M. Wille y à fait plusieurs parties.

No. 45.

Le portrait de Me. Wieger, dans une bordure ovale. Cette dame est vue de face à mi-corps, elle a la gorge découverte & les cheveux frisés. L'inscription est: Magdalena Sophia Wiegerin, gebohrne Nitzschin, geb. d. 7. Jan. 1690. [illegible] 1738. Dis wäre — uns treiben. Fied[illegible] Lipmann Consil. Aul. George F[illegible] sculps. Paris. La h. est de 12 p. 4 l. & [illegible] Il est gravé dans l'année 1739.

No. 46.

Le portrait du fameux compositeur George Fréderic Haendel, gravé à Paris, avec l'inscription: J'ai graces aux doctes veilles &c. Cette estampe avoit été destinée à être mise à la tête d'un livre de musique in-folio. Ce portrait a été fait dans l'année 1744.

No. 47.

Le portrait de St. Albin, Archevêque de Cambray. Le prélat est représenté assis, le corps tourné vers la droite & la tête vers la gauche de l'estampe. Orné de l'habit épiscopal, il met la main droite sur la poitrine & tient de la gauche un livre. L'inscription est: Carolus Archiepiscopus, Dux Cameracensis, Par Franciae, Sacri Romani Imperii Princeps, Comes Cameracesii. Pinxit Hyacinthus Rigaud. Sti. Michaelis Eques. Rector nec non Regiae Academiae Picturae exmoderator 1724. Georgius Fridericus Schmidt sculpsf. Parisiis 1741. Il y a de ce superbe portrait des épreuves avant la lettre & avant les armes; mais elles sont très-rares. La h. est de 19 p. 4 l. & la l. de 14 p. Cette estampe fut exposée au Salon de l'Académie en 1742. Voyez ce que nous avons dit de ce portrait dans sa Vie.

No. 48.

Le portrait du Prince Eugène, dans une bordure ovale. Le Prince est représenté de face, à mi-corps & en cuirasse; il est ajusté d'un manteau & porte une grande perruque. Dans la bordure on lit: François Eugène, Prince de Savoye & de Piémont, Marquis de Saluces, né le 18. Octobr. 1663. Au piédestal; Généralissime des Armées de l'Empereur & de l'Empire, Premier-Ministre d'Etat, Président du conseil de Guerre, Gouverneur & Capitaine Général des Pays-Bas Autrichiens, Chevalier de l'ordre de la Toison d'or &c. G. F. Schmidt sculpsf. Sans nom de peintre. Entre la bordure & le piédestal sont les armes du prince. La h. est de 5 p. 5 ... la l. de 3 p. 2 l. Il est gravé dans l'année 1741.

No. 49.

Le portrait de F. le Chambrier, dans une bordure ovale. Il est à mi-corps, tourné vers la gauche de l'estampe. Dans la bordure on lit: Mr. François le Chambrier Chever. Conser. d'état & Maire de la Ville de Neufchatel. Pr. Sa Majesté le Roy de Prusse. Né le 8. May 1663. Mort le 16. Janv. 1730. Sur le piédestal on lit les vers: Le Mortel — les Délices. Peint par H. Rigaud, en 1704. gravé par G. F. Schmidt à Paris 1741. Entre la bordure & le piédestal se trouvent les armes. La h. est de 13 p. 3 l. & la l. de 9 p. 5 l.

No. 50.

Le portrait de la Tour. Il est représenté à mi-corps, regardant par une fenêtre, sur laquelle il s'appuye & montre de la main gauche une porte fermée, qu'on voit dans le fond, il a la mine riante. Derriere lui il y a un chevalet. Voici l'occasion qui lui donna l'idée de se peindre dans cette attitude. M. de la Tour avoit parmi ses amis un certain abbé, qui venoit le voir très-fréquemment & passoit souvent une partie de la journée chez lui, sans s'appercevoir qu'il l'incommodoit quelquefois. Un jour notre peintre, résolu de faire son propre portrait, avoit fermé la porte au verrou afin d'être seul. L'abbé ne tarda pas à venir & à frapper à la porte. M. de la Tour, qui l'entendoit & qui étoit dans l'attitude de dessiner, fit le geste de pantomime que nous voyons dans son portrait. Il semble se dire en lui même: voilà l'abbé, il n'a qu'à frapper il n'entrera pas. Cette attitude ayant plu au peintre, il prit le parti de s'y peindre. L'inscription en bas est: Peint par de la Tour, & gravé par son ami Schmidt en 1742. A Paris chez Schmidt, graveur du Roi, quai des Morfondus proche la rue de Harlay. Cette estampe dont l'original est en pastel, a été exposée au Salon de l'Académie en 1743. On en a des épreuves avant la lettre, mais elles sont rares. La h. est de 17 p. 10 l. & la l. de 13 p. On a fait en Angleterre une copie plus petite de ce portrait, en maniere noire. Elle est assez fidele, excepté dans les accessoires; au lieu d'une porte fermée, elle offre une femme vue par le dos, levant sa chemise & montrant le derriere. Nous laissons au lecteur à juger ce trait de satyre. On apperçoit aussi sur le canevas du chevalet l'esquisse d'une femme qui leve sa chemise & montre son devant, ce qui n'est pas dans l'original. L'inscription est: Peint par de la Tour, & gravé par son ami Smith, en 1751. printed for Tho. Bowles in St. Paul's Church Yard & Jn°. Bowles and Son at the Black Horse in Cornhill. Nous avons cru faire plaisir aux curieux de leur donner des éclaircissemens sur ce portrait, dont la h. est de 12 p. 2 l. & la l. de 8 p. 5 l.

No. 51.

Le portrait de D. le Chambrier, dans une bordure ovale, dirigé vers la gauche de l'estampe. Il est représenté à mi-corps, avec l'armure & en perruque. Sur le piédestal on lit l'inscription: Mess^re. Daniel le Chambrier, Chev^er. Général-Major & Colonel d'un Régiment Suisse au service de L. L. H. H. P. P.^s les Etats-Généraux des Prov^ces. Unies, & plus haut; G. F. Schmidt sculps. à Paris. Le nom du peintre ne s'y trouve pas. Entre la bordure & le piédestal on voit les armes.

La h. est de 13 p. 3 l. & la l. de 9 p. 5 l. Ce portrait a été entierement gravé par M. Wille, excepté le visage, qui fut fait par Schmidt, chargé de cet ouvrage. C'est dans l'année 1742. que ce portrait à été gravé.

No. 52.

Le portrait du Dr. Silva. Il est vu à mi-corps, tourné vers la gauche de l'estampe & habillé en docteur avec une grande perruque. L'inscription sur le piédestal est: Jean Baptiste Silva, Ecuyer, Docteur Régent de la Faculté de Médecine en l'Université de Paris, Médecin consultant du Roy & ordinaire de S. A. S. Mg^{r}. le Prince de Condé. Peint par Hyacinthe Rigaud, Chevalier de l'ordre de St. Michel, gravé à Paris par G. F. Schmidt, graveur du Roy en 1742. Cette piece fut exposé au salon de l'académie 1743. La h. est de 18 p. 4 l. & la l. de 13 p. 4 l. Voyez Möhsens Verzeichniss einer Sammlung von Bildnissen berühmter Aerzte. II Th. Catal. L^{ra}. S. p. 126. Il y a de cette estampe deux différentes copies, beaucoup plus petites & dans le sens opposé, l'une par Ficquet, l'autre par J. M. B. qui se trouve à la tête de l'ouvrage périodique; Zuverlässige Nachrichten. Leipzig, bei Gleditsch, 1744.

No. 53.

Le portrait de l'Abbé Desfontaines. Il est représenté à mi-corps, un peu tourné vers la droite, & la tête dirigée vers la gauche. Il est habillé en Abbé portant le petit collet, & le manteau court qui, lui couvrant l'épaule droite, tombe sur le devant. Il porte perruque & il tient dans la main gauche un papier où on lit: Observations sur les écrits modernes. L'inscription en bas est aussi: Petr. Fr. Gujot Desfontaines Praesb. Rothomag. Peint par Toqué, gravé par Schmidt à Paris: Dum me — cohors. La h. est de 5 p. 11 l. & la l. de 3 p. 8 l. Cette estampe n'a été exposée au Salon du Louvre qu'en 1743. Elle fut destinée à être mise à la tête de sa Traduction de Virgile. Gravée en 1742.

No. 54.

Le portrait de J. Bernoulli, dans une bordure ovale. Il est vu à mi-corps, tourné vers la gauche de l'estampe. Dans la main droite il tient un papier, sur lequel est dessiné la conchoïde. Dans la bordure est l'inscription: Johannes Bernouilli Matheseos Professor &c. Natus Basil. Anno 1667. d. 27. Jul. S. v. & sur le piédestal on lit les vers: Son esprit — l'humanité. Voltaire. J. Huber pinx. G. F. Schmidt sculps. Paris & Lausanne & à Geneve, chez Marc-Michel Bousquet & Comp. 1743. Voyez Möhsens Verzeichniss einer Sammlung von Bildnissen berühmter Aerzte. II Th. Catal. L^ra. B. p. 14. Ce portrait sert de frontispice aux Joh. Bernouilli Opera. 2 Vol. Lausannae, 1743. in-4°. La h. est de 8 p. 8 l. & la l. de 6 p. 3 l. L'on observera, qu'au lieu du nom de Johann Rudolph Huber de Bale, qui est le peintre de ce portrait, l'on a fait la faute sur l'estampe, d'y mettre J. Ruber. Ficquet en a fait une copie, plus petite & dans le sens opposé.

No. 55.

Le portrait du Roi de Prusse Fréderic III. dans une bordure ovale. Il est représenté à mi-corps, tourné vers la main droite de l'estampe, le visage est vu de face, le corps est couvert d'une cuirasse. Le Roi porte ses cheveux. On lit dans la bordure: Fridericus III. Rex Borussiae, & sur le piédestal: Dans les — cet ouvrage. G. F. Schmidt sculps. Parisiis. A Lausanne & à Geneve chez Marc-Michel Bousquet & Comp. 1743.

Entre la bordure & le piédestal sont placées les armes de Prusse. La h. est de 8 p. 9 l. & la l. de 6 p. 4 l. Il y a une copie beaucoup plus petite, gravée à rebours par Ficquet, qui a pour inscription: Charles Frederic III. Roi de Prusse, Elect. de Brandenb. Né à Berlin, le 24. Janvier 1712. P. pinx. Ficquet sculps. Paris, chez Odieuvre.

No. 56.

Le portrait de Parrocel, dans une bordure ovale. Il est représenté à mi-corps, tourné vers la droite & en robe de chambre; la tête est nue & vue de trois quarts. Les cheveux, qui lui tombent sur le dos, sont noués légérement avec un ruban. La h. est de 14 p. & la l. de 9 p. 10 l. Ce portrait n'est que commencé, ce qui fait que l'on n'y trouve ni ornemens, ni armes, ni inscription, ni noms d'artistes. Schmidt l'a commencé à Paris en 1743. il étoit même entierement ébauché à son départ pour Berlin, mais il l'a laissé tel qu'il étoit alors.

No. 57.

Le portrait d'Osterwald, dans une bordure ovale. Il est représenté à mi-corps tourné vers la gauche de l'estampe, portant une grande perruque, & l'habit ordinaire de Ministre protestant. L'inscription sur le piédestal est: Jean Frederic Osterwald, Pasteur de l'église de Neuchatel, né en 1663. peint par T. P. Heuchoz, gravé à Paris par G. F. Schmidt 1744. chez Boyve & Comp. Libraires de Neufchatel en Suisse. La h. est de 13 p. 7 l. & la l. de 8 p. 8 l.

No. 58.

Le portrait de J. le Chambrier, dans une bordure ovale. Il est vu à mi-corps, tourné vers la gauche de l'estampe, en habit brodé, & en grande perruque. Il porte la croix de l'ordre de la générosité. Sur le piédestal on lit: Jean Baron le Chambrier, Envoyé & Ministre plénipotentiaire de Sa Majesté le Roi de Prusse, près de Sa Majesté très-Chrétienne, Con$^{\text{sr.}}$ d'Etat de la Princ$^{\text{te.}}$ de Neufchatel & Valengin en Suisse, Chev$^{\text{er.}}$ de l'ordre de la Générosité. Né le 28. Juill. 1686. peint par Lundberg. Gravé à Paris par G. F. Schmidt, graveur du Roi en 1744. Les armes se trouvent entre la bordure & le piédestal. Il y a des épreuves avant la lettre, La h. est de 13 p. 8 l. & la l. de 9 p. 5 l.

No. 59.

Le portrait de Mignard. Il est représenté jusqu'au dessous des genoux, assis dans un fauteuil, tourné vers la gauche de l'estampe. Il tient de la main droite un porte-feuille & de la gauche un porte-crayon. L'inscription est: Pierre Mignard, Ecuyer, premier peintre du Roi, Directeur & Chancelier en son Académie de Peinture & de Sculpture. Peint par son ami, Hyacinthe Rigaud, en 1691. gravé à Paris par George Frederic Schmidt, pour sa Réception à l'Académie en 1744. Les connoisseurs s'accordent à dire, que cette estampe est le chef-d'oeuvre de notre artiste pour la beauté du burin. Il y a aussi des épreuves avant la lettre, mais elles sont très-rares. La h. est de 19 p. 1 l. & la l. de 14 p.

No. 60.

Le portrait du Roi d'Espagne, dans une bordure ovale. Ce prince est représenté presque jusqu'aux genoux, & tourné vers la gauche de l'estampe. Il est dans son armure avec le cordon de l'ordre de la Toison d'or, & porte une grande perruque. De la main gauche il tient le bâton de commandement. On lit dans la bordure: Philippus Quintus Hispaniarum & Indiarum Rex; & sur le piédestal; Van Loo Effig. pinx. Schmidt sculps. Offerebat Antonius Josephus Diaz, Hispalensis. Entre la bordure & le piédestal on voit les armes d'Espagne. La h. est de 17 p. 3 l. & la l. de 12 p. 10 l. Il n'y a que le visage gravé par Schmidt, la draperie & les ornemens sont gravés par M. Wille. Il est encore à remarquer, que l'intérieur de l'oval est gravé sur une planche séparée, & l'exterieur avec les armes sur une autre, c'est ce qui nous fait présumer, qu'il y a eu encore d'autres artistes, qui ont travaillé à ce portrait. Il en existe des épreuves où l'oval de l'intérieur est placé en travers d'une feuille, grand in-fol. Le portrait est entouré des grands ornemens, en bas deux lions couchés, en haut deux cornes d'abondance & à côté des drapeaux, un trident, un casque, un bouclier, un carquois rempli de fléches, une carte géogr. de l'Amérique méridionale &c. Entre les deux lions sont les armes d'Espagne. Le tout est travaillé dans un grand goût & a servi pour quelque thèse. Dans la bordure autour du portrait on lit seulement: Offerebat Antonius Josephus Diaz Hispalensis, Wanloo pin. Schmidt sculp. effigiem. Cars ex. Les ornemens sont gravés sur une planche séparée au milieu de laquelle celle avec le portrait s'ajuste parfaitement. Nous croyons pouvoir assûrer, que les épreuves avec les ornemens sont antérieures, aussi sont elles extrémement rares. La l. est de 22 p. 3 l. & la h. de 18 p. 8 l. Il est de l'année 1744.

No. 61.

Le portrait de l'Abbé Prévost, dans une bordure ovale. Il est représenté à mi-corps, la tête tournée vers la gauche de l'estampe. Derriere lui on voit des livres & un globe. On lit sen bas: Antoine-François Prévost, Aumônier de S. A. S. Mgr. le Prince de Conti, dessiné à Paris d'après nature & gravé à Berlin par G. F. Schmidt graveur du Roi en 1745. peu avant son départ. La h. est de 8 p. 6 l. & la l. de 6 p. 5 l. Il y a des épreuves avant la lettre, mais elles sont bien rares. Le même portrait, mais plus petit, est copié par Ficquet, dans le sens opposé.

No. 62.

Le portrait de Fréderic le Grand. Le Monarque est vu à mi-corps, tourné vers la gauche de l'estampe. Il est dans son armure, couvert du manteau royal & du cordon de l'ordre de l'aigle noir. Il a les cheveux frisés. On lit sur le piédestal: Friedericus Magnus Rex Borussiae. A. Pesne pinx. G. F. Schmidt Reg. sculpsf. Berolini 1746. La h. est de 5 p. 9 l. & la l. de 3 p. 6 l.

No. 63.

Le portrait du Dr. Burckhardt, dans une bordure ovale. Il est vu à mi-corps, tourné vers la gauche de l'estampe & tenant de la main gauche le manteau dont il est couvert. On lit en bas: Joh. Henricus Burckhard, Medicinae Doctor. Ser. Ducum Brunsv. Luneburg. Archiater & Consiliarius Aulicus. Natus CIↃIↃCLXXVI. d. 5. Aug. ob. CIↃIↃCCXXXVIII. d. III. Maii. Muller pinx. G. F. Schmidt sculpsf. Berolini. La h. est de 6 p. 11 l. & la l. de 4 p. 8 l. Voyez Möhsens Verzeichniss einer Sammlung von Bildnissen berühmter Aerzte. II. Th. Catal. L.a B. p. 22. Il est gravé dans l'anlée 1746. Il y a des épreuves, où les lettres G. F. avant le nom de Schmidt manquent, comme aussi; Berolini.

No. 64.

Le portrait de M. Voguel, riche négociant établi à Londres, oncle de Me. Schmidt, qui la dota amplement. Il est représenté debout jusqu'aux genoux, le corps dirigé vers la gauche de l'estampe, en habit paré & coiffé d'une perruque. Il porte le chapeau sous le bras droit, & tient la canne dans la main droite; derriere lui on voit la tour de Londres avec quelques vaisseaux. Au bas on lit: Henry Voguell, Esqr. of London Marchant, aetatis 65. peint par Ant. Pesne premier peintre du Roy. Gravé à Berlin par G. F. Schmidt Graveur du Roy, en 1746. La h. est de 18 p. & la l. de 12 p. 10 l.

No. 65.

Le portrait de C. F. Blume, dans une bordure ovale. Il est représenté en buste, tourné vers la gauche de l'estampe, & il porte une perruque. La plus grande partie de son corps est couverte d'une large draperie, dont un morceau tombe hors de la bordure. Au bas on lit: Christian Friedrich Blume, geb. d. 18. Mart. 1693. gest. d. 19. Nov. 1746. Falbe Effig. pinx. G. F. Schmidt sculps. Reg. sculps. Berolini 1748. La h. est de 13 p. 11 l. & la l. de 10 p.

No. 66.

Le portrait du Prince d'Anhalt-Bernbourg, dans une bordure ceintrée en haut. Le Prince est vu jusqu'aux genoux, & il est tourné vers la gauche de l'estampe. Couvert de son armure, il est décoré du cordon de l'ordre de l'aigle noir & il est coiffé d'une perruque avec un noeud de ruban par derriere. Il pose la main gauche sur un casque, à côté duquel est le bâton de commandement. Dans le lointain on apperçoit une ville assiégée avec un camp & en bas on lit cette inscription: Christianus Augustus Dei gratia Princeps Anhaltinus, Dux Saxoniae, Angriae & Westphaliae, Comes Ascaniae. Dominus Servestae, Bernburgi, Jeverae & Kniphusii, Supremus Castrorum Regiae Majestatis Borussiae Praefectus, Stetini Gubernator, Eques ordinis Aquilae nigrae & Tribunus Legionis Pedestris. Natus die 29. Novembris 1690. Mortuus 16. Martii 1747. Ant. Pesne Pict. Reg. pinxit Berolini 1725. G. F. Schmidt sculp. Reg. sculpsi. Berolini 1750. Au milieu sont les armes du Prince. La h. est de 19 p. 3 l. & la l. de 14 p. 1 l. L'on a des épreuves avant la lettre & les armes.

No. 67.

Le portrait de Cocceji. Ce Ministre est représenté à mi-corps, tourné vers la gauche de l'estampe. Il est décoré de l'ordre de l'aigle noir, & porte une grande perruque. On lit sur le piédestal l'inscription suivante: Samuel Liber Baro de Cocceji, Supremus Regni Porussici caeterarumque provinciarum regiarum Cancellarius. Regiae Majestati a Consiliis sanctioribus, Aquilae Porussicae Eques. Haereditarius in Wusseken, Repko, Kleist, Laas, Poddokel, &c. On voit à côté du piédestal & à gauche un Génie tenant un livre ouvert, avec l'inscription: Codex Fridericianus. Ant. Pesne Pictor Reg. pinxit. G. F. Schmidt Sculptor Reg. sculpsit Berolini 1751. La h. est de 13 p. 11 l. & la l. de 9 p. 9 l. La copie dans le même sens petit in-8°. est faite par Sturm de Nuremberg.

No. 68.

Le portrait de M. Oertel. Il est vu jusqu'aux genoux & de face. Le corps est ajusté d'une large draperie, & la tête couverte d'un bonnet. A côté du piédestal on voit un Génie, qui montre de la main droite une toile, fur laquelle on lit: Fridericus Benedictus Oertel. Confil. Inuictum generoso pectus honesto; & au bas dans la marge, G. F. Schmidt invent. & sculpf. Berolini 1752. La h. est de 14 p. 2 l. & la l. de 10 p. 2 l.

No. 69.

Le portrait de Pesne, représenté jusqu'aux genoux, le corps dirigé vers la gauche de l'estampe. La tête est vue de face. Debout derriere une chaise, il montre avec la main gauche, un tableau sur un chevalet. La lettre est Antoine Pesne, Premier Peintre du Roy de Prusse, & ancien professeur de l'Académie Royale de Peinture & Sculpture de Paris. Peint par lui même & gravé par son ami Schmidt, membre de la même Académie en 1752. C'est un des beaux portraits de notre artiste. La h. est de 14 p. & la l. de 10 p. Il y a une copie de la seule tête dont la hauteur est de 5 p. 4 l. & la l. de 4 p. 11 l. sans nom de graveur.

No. 70.

Le portrait du Ministre de Goerne, représenté de face & à mi-corps. Il est en habit paré, décoré de l'ordre de l'aigle noir. On lit en bas: Fréderic de Goerne, Premier-Ministre d'Etat dirigant du grand directoire, Maître général des postes de Sa M. le Roy de Prusse, & Chevalier de l'ordre de l'aigle noir de Prusse. Né le 24. Juillet 1670. mort le 24. Juin 1745. fait par G. F. Schmidt, graveur du Roy à Berlin. Sans nom de peintre. La h. est de 14 p. 8 l. & la l. de 10 p. 6 l. Gravé en 1752.

No. 71.

Le portrait du Roi Auguste III. représenté debout jusqu'aux genoux. Le corps est dirigé vers la droite de l'estampe & la tête est vue de trois quarts. Il est habillé & décoré des ordres de la Toison d'or &

de l'aigle blanc. On lit au bas: Auguste III. Roy de Pologne, Electeur de Saxe. Peint par Louis de Silvestre, premier peintre du Roy, en 1743. Gravé à Berlin par G. F. Schmidt, Graveur du Roy. La h. est de 19 p. 3 l. & la l. de 14 p. 1 l. Gravé dans l'année 1753.

No. 72.

Le portrait de la Reine Marie-Josephe, représentée debout jusqu'aux genoux. Le corps est dirigé vers la gauche de l'estampe, mais la tête est vue de face. Elle est en panier, & décorée de l'ordre de la croix étoilée. On lit au bas: Marie-Josephe, Reine de Pologne, Electrice de Saxe, Archiduchesse d'Autriche. Peint par Louis de Sylvestre, premier Peintre du Roi en 1743. Gravé à Berlin par G. F. Schmidt, Graveur du Roi. Ce portrait qui est le pendant du précédent, est de la même grandeur. Gravé en 1753.

No. 73.

Le portrait du Dr. Eller. Il est représenté assis vis-à-vis d'une table. La tête est vue de trois quarts, le corps, vêtu d'une robe de chambre doublée de fourrure, est dirigé vers la gauche de l'estampe & il est coiffé d'une perruque. Sur la table il y a des livres, sur lesquels il appuye le bras droit, montrant du doigt quelques caractères chymiques, derriere lui on apperçoit une bibliothéque & un globe. L'inscription est: Joh. Theodor Eller, M. D. Consil. Aul. & Archiater Poruss. Regis Primar. Acad. Reg. Scient. in Class. Physic. Director Colleg. Med. Supr. Decanus Acad. Natur. curiosor. adscript. &c. Pesne pinx. 1740. G. F. Schmidt sculps. Reg. sc. Berolini 1754. Comme ce portrait fut gravé pendant la vie du Dr. Eller, les premieres épreuves sont avant cette addition: Natus d. 29. Novbr. Stil. v. 1689. Denat. d. 14. Septbr. 1760. qui se trouve dans les secondes ou dans celles qu'on a tirées après sa mort, lorsque la planche a été retouchée; voyez Möhsens Verzeichniss einer Sammlung von Bildnissen berühmter Aerzte. II. Th. Catal. litt. E. pag. 87. La h. est de 14 p. 2 l. & la l. de 10 p. 2 l. La copie est faite par F. Kauke à Berlin.

No. 74.

Le portrait historié de Mad. de Grapendorff, d'après Pesne. L'aimable gaieté sous la figure d'une jeune fille ailée & deux génies sont occupés à orner de fleurs le portrait de la défunte, & à le porter dans l'Empirée. Sur le devant à gauche, on voit la figure du Tems, avec ses attributs, regardant le portrait & tenant une table sur laquelle un Génie vient de graver l'inscription suivante: Louise-Albertine de Brandt, Baronne de Grapendorff, née le 13. Decbr. 1729. morte le 28. Novembre 1753. Reçois, ombre — de l'immortalité. On lit au bas: B. N. Le Sueur pinx. & G. F. Schmidt sculpsi. La h. est de 18 p. & la l. de 12 p. 10 l. Cette estampe est sans contredit une des plus rares de Schmidt & presque introuvable, même à Berlin, ce qui fait qu'elle se vend toujours très-chere. Schmidt même de son vivant ne la vendoit pas moins de 3 à 4 Frédérics d'or. Dans la superbe collection de l'oeuvre de cet artiste, nous avons rencontré une épreuve avant les noms des artistes & avec sa contre-épreuve, la seule qui existe. Gravé dans l'année 1755.

No. 75.

Le portrait du Ministre d'Arnim, vu debout & jusqu'aux genoux, le corps tourné vers la gauche de l'estampe. La tête est vue de trois quarts. Il est en habit paré, décoré des ordres de l'aigle noir & de St. Jean. Il tient un livre de la main droite. Dans le lointain on apperçoit la figure de la Justice sur un piédestal, avec cette inscription: George Dietloff von

Arnim, Königl. Preuss. Etats-Kriegs- und dirig. Minister, General-Postmeister, Director der Chur-Marck. Landschaft, Ritter des schwarzen und St. Johanniter-Ordens. Compthur zu Werben, Erb- Schloss- und Burg-gesessen auf Boytzenburg, Ziehow & Gebohr. d. $\frac{8}{18}$. Septbr. 1679. Gest. de 20. October 1753. Pesne Effig. pinx. 1742. G. F. Schmidt sculpt. Reg. sculps. Berolini 1756. L'attitude & les accessoires ont été gravés d'après un petit tableau de Le Sueur. La h. est de 19 p. 3 l. & la l. de 14 p.

No. 76.

Le portrait de la Mettrie, dans une bordure ovale. Il est représenté à mi-corps, la tête vue de face & couverte d'un bonnet. A côté de la bordure on voit l'Ouvrage de Pénélope, & l'Homme machine, deux productions de cet écrivain. On lit au dessous: Sous ces traits vifs — sacravit. G. F. Schmidt ad vivum pingebat & sculpebat. Sans l'année qui est 1757. La h. est de 9 p. 4 l. & la l. de 7 p. Il y a des épreuves avant la lettre qui sont belles, mais rares. Il y en a d'autres non moins rares, où on lit dans la seconde ligne, au lieu des Ris, des V***. Il y a aussi une copie, faite par J. C. Fritzsch, beaucoup plus petite que l'original: voyez; Möhsens Verzeichn. einer Samml. von Bildn. berühmter Aerzte. II. Th. Cat. Lit. M. p. 87.

No. 77.

Le portrait du Comte de Woronzow. Il est représenté assis, tenant une lettre de la main droite. Le corps est dirigé vers la gauche de l'estampe & le visage est vu de trois quarts. Il est en habit paré & décoré de l'ordre de St. André. L'inscription est: Michel de Woronzow, Comte du St. Empire Romain. C^ller. Privé Act^el. de Sa M. Impériale de toutes les Russie, Vice-Chancelier de l'Empire. Pr^er Lieut^ant de la Compagnie de la Garde du Corps & Chambellan actuel, Chev[lier] des ordres de St. André, de St. Alex[dre] Newsky, de l'Aigle bl. de l'Ag[le] noir & de St. Anne &c. Peint par L[s] Tocqué 1757. & gravé à St. Petersbourg, par G. F. Schmidt en 1758. La h. est de 16. p. 4. l. & la l. de 12 p.

No. 78.

Le portrait du Comte Esterhasi, vu à mi-corps, & tourné vers la gauche. Il est debout derriere une chaise, sur le dos de laquelle il pose la main droite, tenant une lettre. Il est en habit d'hiver, doublé de fourure avec des brandebourgs richement brodés. La tête, coiffée d'une perruque, est vue de trois quarts. Il est aussi décoré des marques de quelques ordres. L'inscription est: Nicolas Esterhasi de Galantha, Comte du St. Empire Romain. Ambassadeur extraordinaire de Leurs Majestés Impériales & Royales de Hongrie & de Bohème, près de Sa Majesté Impériale de toutes les Russies, Chevalier des ordres de St. André, & d'Aléxandre Newsky &c. Peint par Louis Tocqué, en 1758. Gravé à St. Petersbourg par G. F. Schmidt, en 1759. Au milieu de l'inscription on voit les armes du Comte. La h. est de 16. p. & la l. de 11 p. 9. l. Ce portrait est d'une extrême rareté.

No. 79.

Le portrait du Comte de Schouwalow, représenté debout jusqu'aux genoux & appuyé sur un canon, faisant allusion à la nouvelle invention dont il étoit auteur. Le corps est un peu tourné vers la gauche & la tête est vüe presque de face. Il porte un uniforme richement brodé & il est décoré des ordres de St. André, & de l'aigle blanc. L'inscription est: Pierre Comte de Schouwalow, grand Maitre de l'artillerie, Sénateur, Chambellan actuel, Aide-de-Camp. g[ral] de Sa

Majesté Impériale de toutes les Russies, Sous-Lieutenant de la Comp^ie des Gardes du Corps, Chev^lier des ordres de St. André, de St. Alexandre Newsky, de l'aigle blanc & de St. Anne &c. G. F. Schmidt ad vivum fecit Petrop. 1760. Au milieu de l'inscription sont les armes du Comte. La h. est de 10 p. 8 l. & la l. de 7 p. 8 l. Ce portrait est rare.

No. 80.

Le portrait de Pierre le Grand, dans une bordure ovale. L'Empereur est vu à mi-corps, & en cuirasse, tourné vers la droite de l'estampe. La tête, qui est dirigée vers le même côté, est vue de trois quarts. Il a la tête nue & porte une moustache. On lit dans la bordure: Pierre le Grand, Empereur de toutes les Russies, & au bas: Каковъ былъ — исусиспиипь A. C. Peint par J. M. Nattier, membre de l'Académie Royale de Paris. Gravé par E. Tzschemesow, éleve de l'Académie I^mp. des beaux Arts de St. Petersbourg. Ce portrait sert de frontispice à un journal russe. Il n'y a que le visage de gravé par Schmidt, le reste l'est par son éleve. On trouve aussi des épreuves avant la lettre, mais avec l'inscription dans la bordure. La h. est de 6 p. 7 l. & la l. de 4 p. 2 l.

No. 81.

Le portrait du Roi d'Espagne Charles III. dans une bordure ovale. Le Roi est vu à mi-corps, dirigé vers la droite, en cuirasse, & décoré de l'ordre de la Toison d'or. La tête vue de trois quarts, est coiffée d'une perruque en queue. L'inscription est: Charles III. Rey de Espanna y de las Yndias, S. 1761. La h. est de 4 p. 2 l. & la l. de 2 p. 10 l. Nous sommes en doute si ce portrait est véritablement de Schmidt, l'artiste n'ayant mis que la lettre initiale de son nom de famille: ce qui nous engage à le joindre à cet oeuvre, c'est, qu'en comparant ce portrait avec le buste du Comte de Bruhl, que nous indiquerons sous No. 84. nous y trouvons la même manoeuvre par des points dans le traitement des chairs.

No. 82.

Le portrait de l'Impératrice Elisabeth, figure entiere. Elle est vue de face & debout à côté d'une table, sur laquelle elle pose la main droite; elle tient de la même main le sceptre impérial, & laisse tomber négligemment le bras gauche. Elle est en panier & en grande & superbe parure, ayant les cheveux frisés, & la tête couverte de la couronne impériale. Elle porte le cordon de l'ordre de St. André. Le manteau impérial, qui est parsemé des aigles doubles impériales & fourré d'hermine, lui tombe le long de l'épaule gauche & couvre une partie du panier. L'inscription est: ЕЛИСАВЕТА ПЕРВАЯ ІМПЕРАТРИЦА Ісамодержица Всероссійская. Писаль Л: Токе. 1758. Тр. Гéор. Фрид.: Шмить вь санкт. Петербургѣ. 1761. Dans la bordure on lit encore en très-petits caractères. L. Tocqué, Peintre du Roi pinxit 1758. Gravé à St. Petersbourg par George Fréderic Schmidt en 1761. La h. est de 25 p. 9 l. & la l. de 19 p. 2 l. Ce fut M. Wille, qui fut chargé par son ami de faire préparer la grande planche de ce portrait. Dans notre collection il y a de ce superbe portrait, une épreuve avant la lettre & sans le visage terminé, objet de curiosité presqu'introuvable; mais aussi les belles & premieres épreuves avec la lettre sont extrémement rares & se vendent à un prix très-haut. Cette piece fut commencée en 1761. & terminée en 1762. L'impératrice avoit le nez fort court & Tocqué l'avoit peint tel qu'il l'avoit vu. Sa Majesté vouloit avoir le nez long &

Schmidt, à qui cela étoit très-indifférent, le lui fit aussi long qu'elle le desirait. Quand Tocqué vit cette estampe à Paris, il fut très-faché de ne pas reconnoître son tableau.

No. 83.

Le portrait du Comte de Rasoumowsky, représenté debout jusqu'aux genoux, le corps dirigé vers la droite de l'estampe & la tête vue presque de face. Il est en uniforme, richement brodé, décoré du cordon & des marques de l'ordre de l'aigle blanc, & tient le bàton de commandement dans la main droite. On voit à ses côtés des timbales & un drapeau avec l'aigle impérial de Russie & dans le lointain un combat de cavalerie. L'inscription est: Cyrillus Comes de Rasumowsky. S. Imp. Maj. omnium Russiar. minoris Hetmannus, milit. Praetorian. Ismailow Protribunus. Imperial. Academ. Scient. Praeses, ordinum St. Andreae, aquilae albae, St. Alexandri & St. Annae Eques. L. Tocqué pinx. 1758. G. F. Schmidt sculpf. Petropol. 1762. La h. est de 17 p. 9 l. & la l. de 13 p. 1 l. Ce portrait est très-rare, principalement les épreuves avant la lettre.

No. 84.

Le buste du Comte de Bruhl, Premier Ministre du Roi de Pologne, sur un piédestal, tourné vers la main gauche de l'estampe, décoré des ordres de l'aigle blanc & de St. André. La tête couverte d'une perruque, est presque vue de face. A côté du piédestal il y a un petit Génie, qui, le ciselet & le maillet en main, grave les vers suivans sur le piédestal: Est animus — Rectus. D. J. U. On lit en bas, hors de la bordure: G. F. Schmidt del. & sculpf. p. Sans année, quoiqu'on sache, que notre artiste l'a gravé pendant son séjour à St. Petersbourg en 1762. Voyez Heineckens Nachr. von Künstl. und Kunstsachen. I. Theil. S: 147.

La h. eſt de 7 p. 4 l. & la l. de 4 p. 11 l. Les premieres épreuves n'ont ni les vers ſur le piédeſtal, ni le nom du graveur. L'abbé Victor, vivant actuellement à Turin, ancien gouverneur de l'Electeur de Saxe régnant, l'a fait graver à ſes frais par Schmidt, pour en faire un cadeau au Comte de Bruhl. Nous avons une contre-épreuve de cette eſtampe.

No. 85.

Le portrait du Dr. Mounſey, repréſenté aſſis jusqu'aux genoux, le corps dirigé vers la droite de l'eſtampe, la tête couverte d'une perruque & presque vue de face. Il tient les Oeuvres d'Hippocrate ſur ſes genoux & montre de la main droite un paſſage du chapitre de arte, qui commence „ut eorum durities et mollitudo" — Derriere lui on apperçoit des livres & un globe. L'inſcription eſt: Jacobus Mounſey Sacrae Caeſareae Majeſtatis Ruſſiae Conſiliarius intimus et Medicus Primarius, nec non Cancellariae totiusque facultatis Medicae per univerſum Imperium Archiatrus et Director ſupremus, Collegii Medici Regalis Edimburgenſis et Societatis Londinenſis Socius &c. G. F. Schmidt Sculpt. Regis ad vivum fecit Petropol. 1762. La h. eſt de 14 p. 3 l. & la l. de 10 p. Voyez Möhſens Verzeichniſs einer Sammlung von Bildniſſen berühmter Aerzte. II. Th. Catal. L^{a} M. p. 92. Ce portrait eſt un des plus rares de notre artiſte, attendu qu'on n'en a tiré que peu d'exemplaires.

No. 86.

Le portrait du Miniſtre d'Etat Borck, repréſenté jusqu'aux genoux debout devant un bureau ſur lequel il y a des mémoires, quelques livres &c. Il tient le bras gauche appuyé ſur le dos d'une chaiſe & le corps dirigé vers la main gauche de l'eſtampe. La tête eſt vue de trois quarts. Il eſt en habit paré garni de brandebourgs brodés, avec une croix attachée au cou. L'inſcription eſt: Fridericus Wilhelmus Borck, Regis Boruſſorum Miniſter Status et Belli, Dominus in Hüth, Offenberg, Falckenberg etc. Ant. Pesne pinx. G. F. Schmidt Sculptor Regis ſculpſit Berolini 1764. La h. eſt de 17 p. 11 l. & la l. de 12 p. 8 l.

No. 87.

Le portrait du Banquier Splittgerber.

Il eſt repréſenté jusqu'aux genoux, aſſis devant une table, couverte de livres & de papiers de commerce. Le corps eſt dirigé vers la main droite de l'eſtampe & la tête eſt vue de trois quarts. L'inſcription eſt: David Splittgerber, gebohren d. 18. Octbr. 1683. geſtorben den 23. Febr. 1764. J. M. Falbe pinx. 1758. G. F. Schmidt Sculpt. Reg. ſculpſ. Berolini 1766. La h. eſt de 19 p. 1 l. & la l. de 13 p. 9 l.

No. 88.

Le portrait du Prince Henri de Pruſſe,

repréſenté jusqu'aux genoux. Il eſt aſſis dans un fauteuil, le corps dirigé vers la gauche de l'eſtampe, & la tête tournée de trois quarts, poſant la main gauche ſur le bras du fauteuil, & tenant la droite étendue pour montrer quelque choſe. Il eſt en habit d'hyver, doublé de fourure, décoré des marques de différens ordres. L'inſcription eſt: Fréderic-Henri-Louis, Prince de Pruſſe, par ſon très-humble, très-obéiſſant & très-fidele Serviteur Ceſar. Amadée Vanloo pinx. 1765. Gravé par G. F. Schmidt, graveur du Roi 1767. A Berlin chez l'auteur à la nouvelle Cologne ſur le Canal. La h. eſt de 18 p. 9 l. & la l. de 13 p. 5 l. Il y a de ce portrait des épreuves avant la lettre, mais on les rencontre rarement.

No. 89.

Le portrait du Peintre de la Tour, en ovale sur un chevalet. Il est vu à mi-corps tourné vers la gauche de l'estampe. La tête, vue de trois quarts, est coiffée d'une perruque & couverte d'un chapeau bordé dont le bord est rabattu par devant. Vêtu simplement, il a une table devant le chevalet sur laquelle il y a quelques livres, une boîte à pastels & des feuillets sur un desquels est écrit: Maurice Quentin de la Tour, Peintre du Roi & Conseiller en son Académie Royale de Peinture & Sculpture. On voit encore derriere le chevalet attaché au mur le portrait de l'Abbé dont nous avons fait mention sous No. 48. La lettre en bas est: Peint par lui même. Gravé par son ami G. F. Schmidt, Graveur du Roi en 1772. A Berlin chez l'auteur à la nouvelle Cologne sur le Canal. La h. est de 12 p. 3 l. & la l. de 9 p. 4 l.

No. 90.

Le portrait du Dr. Büsching, dans une bordure ovale. Il est vu à mi-corps, tourné vers la main gauche de l'estampe, habillé de noir avec un rabat. La tête, qui est vue presque de face, est coiffée d'une perruque. Derriere lui on voit un globe, attribut des sciences géographiques, dans lesquelles ce savant s'est distingué. On lit au bas: Anton Friedrich Büsching. Ericksen pinx. 1765. G. F. Schmidt sculps. 1774. La h. est de 6 p. 9 l. & la l. de 4 p. 5 l.

No. 91.

Le portrait de M. de Katt, Général-Feld-maréchal & Ministre d'Etat du Roi de Prusse, Chevalier de l'ordre Teutonique. Il est représenté jusqu'aux genoux, tourné un peu vers la droite de l'estampe & vu presque de face. Il est armé de toutes pieces, à la réserve de la tête qui est couverte d'une perruque assez mal peignée. Un grand manteau, doublé de fourrure, attaché par une agraffe fur la poitrine lui couvre la cuiraffe. Il eft décoré de l'ordre de l'aigle noir, & de la croix de l'ordre Teutonique. Il appuye le bâton de Maréchal, qu'il tient de la main gauche, fur un rocher à côté d'un casque & pofe le bras droit fur la hanche. Le lointain repréfente un combat de cavalerie. La h. eft de 18 p. 6 l. & la l. de 13 p. 3 l. Il n'y a que la tête & les mains qui foient gravées par notre artifte, le refte eft de Fred. Gottlieb Berger le pere. Schmidt ayant différé de terminer cette planche, & les héritiers de M. de Katt refufant de remplir leurs engagemens, M. Berger demanda le payement à Schmidt, dont les héritiers ont gardé la planche, & ont vendu les épreuves fans infcription. Delà vient que les épreuves qu'on rencontre font toujours fans infcription & fans noms ni de peintre ni de graveur. Nous avons devant nous une épreuve finie par Berger; mais fans le vifage & les mains, parties, auxquelles Schmidt n'avoit pas encore touché, ce qui nous montre, qu'il fe réfervait ces parties, comme nous l'avons remarqué ailleurs, & que c'était par-là qu'il terminoit fes ouvrages. Il eft gravé dans l'année 1774. Il paroît que Schmidt a choifi pour l'ordonnance de ce portrait celle de Louis-Antoine de Pardaillon de Gondrin, gravé par N. Tardieu, d'après H. Rigaud, car il n'y a de différence entre ces deux portraits que celui du vifage, de la perruque & de quelques acceffoires comme l'ordre, l'écharpe, &c.

PREMIERE PARTIE

GRAVURES

AU

BURIN.

SUJETS

HISTORIQUES, SATYRIQUES, GALANTES

ET

ESTAMPES POUR DES LIVRES.

No. 92.

Le Joueur de flûte. Sujet galant de quatre figures, habillées à l'espagnole, l'une représente un jeune homme debout, jouant de la flûte, l'autre une dame assise, tenant son éventail de la main gauche, & paroissant parler à un jeune homme, qui lui offre des fleurs, la quatrieme figure est une servante derriere la dame; le lointain offre un ruisseau & quelques arbres. Cette estampe est une copie de notre artiste d'après l'estampe gravée par C. N. Cochin, d'après Lancret. L'original est sans inscription, mais au dessous de cette copie de Schmidt on lit: Par une — des amans. N. Lancret pinxit. G. F. Schmidt sculpsi. La copie est de la même grandeur que l'original. Elle est très-rare. La h. est de 9 p. 8 l. & la l. de 6 p. 10½ l. Cette estampe est de l'année 1729.

No. 93.

Deux petites Estampes, qui entrent dans le livre: Beschreibung der griechischen Christen in der Turckey, von Jacob Elsner, in-8°. à Berlin 1737. savoir:

Le Frontispice. Le portrait d'Athanasius Dorostanus, Archimandrit des Patriarchen zu Constantinopel. Cette inscription se trouve au dessous de la bordure ovale du portrait. On lit: Gravé & dessiné par Geo. Frider. Schmidt, à Berlin. Au dessus de la bordure à main gauche est écrit: Am Titul.

Fig. 1. p. 62. Der Griechische Patriarch zu Constantinopel. Ge. Frider. Schmidt sculps. Berolini.

Fig. 2. p. 72. Der Patriarch zu Pferde. G. F. Schmidt sculps. Berolini.

Fig. 3. p. 83. Die Patriarchal a. Kirche und b. Hoff.

Fig. 4. p. 98. Ein Ertz-Bischoff, wenn er segnet.

Fig. 5. p. 98. Ein Metropolit der da segnet.

Fig. 6. p. 103. Ein Archimandrit der da segnet.

Fig. 7. p. 104. Ein Abt.

Fig. 8. p. 238. Ein Diaconus der das h. Brod auf dem Haupt trägt.

Fig. 9. p. 238. Ein Priester mit dem h. Kelch in der Procession.

Le nom de Schmidt ne se trouve qu'au titre & à la 1ere & 2e planche. Toutes les inscriptions sont au bas de l'estampe, dont la h. est de 4 p. 2 l. & la l. de 2 p. 11 l.

No. 94.

Le titre pour un nouveau Testament. On y voit la figure de la Religion avec la croix, assise sur des nues, & dirigée vers la gauche de l'estampe. Elle tient de la main droite un livre ouvert, & dans la gauche elle porte du feu. Le ciel ouvert est derriere elle avec l'agneau de l'Apocalypse couché sur le livre aux sept sceaux. En bas se trouvent, un autel renversé, deux vases, & un couteau de sacrifice avec un bouc & un agneau immolés, emblèmes de l'ancien Testament. On remarque encore quelques figures & quelques têtes d'anges, dont un semble porter le livre qu'il montre de la main. Cette piece est sans le nom du graveur &

sans l'année qui est 1736. La h. est de 4 p. 4 l. & la l. de 2 p. 5 l.

No. 95.

Figure entiere d'une jeune Grecque, dans son habit national, tournée vers la droite, & paroissant regarder quelque chose. Dans le lointain on voit un piédestal & un paysage avec quelques arbres. L'inscription est: La belle Grecque, avec ces vers: Jeune Beauté - vos vainqueurs. A Paris chez N. de Larmessin Graveur du Roi, &c. — A. P. D. R. N. Lancret pinxit, G. F. Schmidt sculps. La h. est de 11 p. 1 l. & la l. de 7 p. 9 l. Cette estampe a été gravée dans l'année 1736.

No. 96.

La figure entiere d'un jeune Turc, dans son habit national, portant une guitarre sous le bras gauche. Dans le lointain il y a un paysage. L'inscription au bas est: Le Turc amoureux, avec ces vers: Jusque dans — que nous. A Paris chez N. Larmessin &c. N. Lancret pinxit. G. F. Schmidt sculps. La h. est de 11 p. & la l. de 7 p. 8 l. Cette estampe fait le pendant de la précédente. Gravée en 1736. *).

No. 97.

Un sujet représentant en sept figures entieres les principaux personnages du théâtre italien; savoir: Pierrot, Arlequin, Colombine, le Docteur, Isabelle, Scapin & Mezetin. L'inscription

*) Ces deux estampes furent les premieres planches que Schmidt grava à son arrivée à Paris pour M. de Larmessin. Il les finit dans son auberge, & ce ne fut qu'après qu'il alla loger chez ce maître.

au bas eſt: Le Théâtre italien; avec ces vers: Ici les — les vicieux. A Paris, chez N. de Larmeſſin, &c. N. Lancret pinxit. G. F. Schmidt ſculpſ. La h. eſt de 11 p. 3 l. & la l. de 8 p. 6. l.

No. 98.

Un ſujet pris du Roman de Lazarille de Tormes. On y voit une rue, dans laquelle un aveugle mendiant, tenant une potence dans la main gauche, donne de la tête contre un pilier, derriere lequel le jeune Lazarille s'eſt caché. Il y a encore dans le lointain deux figures, dont l'une porte un paraſol. L'inscription eſt: Lazarille pour ſe venger fait caſſer la tête à l'aveugle contre un pilier & le quitte. Tome Ier Chapitre 5. P. le Mesle inv. & del. Schmidt ſculp. A Paris chez Thevenard, C. P. R. Voici l'éclairciſſement, que M. Wille à Paris nous a donné ſur cette eſtampe, dans une de ſes lettres. „L'eſtampe de Lazarille de Tormes „devroit être difficile à trouver. Elle n'a pas été deſtinée pour l'ornement d'un livre; un certain imprimeur „de planches, que nous avons connu autrefois, la fit „graver vers les années 1737. ou 1738. Cette homme étant „mort depuis environ une trentaine d'années, perſonne „ne ſait ce que la planche eſt devenue. Je me ſuis adreſſé „à tous les marchands, mais la plupart ignorent jusques „à ſon exiſtence.“ Cette eſtampe, qui eſt réellement très-rare, & ſans année, eſt h. de 11 p. 4 l. & l. de 7 p. 10 l. Les autres 11. feuilles, qui complettent la ſuite pour ce roman, ſont auſſi inventées & deſſinées par P. le Mesle, mais gravées par différens artiſtes.

No. 99.

Sujet tiré des Contes de la Fontaine, & répréſentant la jeune Promiſe ſortant du jardin dans le moment que Nicaiſe revient avec ſon tapis, après l'heure du berger. L'inſcription eſt: Nicaiſe; avec les vers ſuivans; Que dans — changé d'avis. M. Roy. A Paris chez Larmeſſin &c. N. Lancret pinxit. G. F. Schmidt ſculpſ. La h. eſt de 11 p. 10 l. & la l. de 13 p. 8 l. On a de cette eſtampe trois ſortes d'épreuves, qui diffèrent en beauté & en rareté. Les premieres & les plus belles ſont celles avec le nom de Schmidt, mais elles ſont extrémement rares. Les ſecondes portent le nom de Larmeſſin. Ces épreuves, qui ſe trouvent ſouvent, ont été tirées après que la planche a été retouchée. Les troiſièmes ſont en tout égales aux ſecondes, excepté qu'au milieu des vers ſe trouve encore l'adreſſe: à Paris chez Buldet & Comp[le]; ce qui annonce qu'elles ſont poſtérieures aux ſecondes, la planche ayant changé de poſſeſſeurs. Ces épreuves ont été tirées après une nouvelle retouche de la planche. Schmidt a gravé cette eſtampe dans l'année 1737.

No. 100.

Un ſujet repréſentant une compagnie de jeunes Garçons & de jeunes Filles, en différentes attitudes. Un garçon & une fille debout au milieu de la planche, ſont occupés de leur jeu. La ſcene eſt dans un bocage. On voit un terme derriere un groupe de jeunes filles. L'inſcription eſt: Le jeu de cache cache mi toulas; avec les vers: Quoi, jeune — lui même. A Paris chez de Larmeſſin, &c. Lancret pinx. de Larmeſſin ſculpſ. La h. eſt de 11 p. 10 l. & la l. de 13 p. 7 l. Quoique le nom de Schmidt ne ſe trouve pas ſur cette eſtampe, elle n'en eſt pas moins de lui, & M. de Larmeſſin n'y a mis le ſien, qu'après la réputation que notre artiſte s'étoit acquiſe. Elle eſt de l'année 1737.

No. 101.

Sujet repréſentant quelques jeunes Filles & un jeune Garçon, qui jouent entre eux. La ſcene eſt un bocage. A main gauche on voit un vaſe ſur un piédeſtal. En bas on lit l'inſcription: Le jeu des quatre coins; & les vers ſuivans: T'expoſant au — ton coeur. A Paris chez de Larmeſſin, &c. N. Lancret pinxit, de Larmeſſin ſculpſ. La h. eſt de 11 p. 8 l. & la l. de 13 p. 10 l. Il y a trois ſortes d'épreuves. Les premieres & les plus rares ſont avec le nom de Schmidt, les ſecondes avec celui de Larmeſſin, les troiſiemes ont, au lieu de l'adreſſe de Larmeſſin, celle de Gaillard, &c. Ces dernieres furent tirées après que la planche eut été retouchée. On les trouve ſouvent. C'eſt par le même motif que nous avons allegué au No. précédent que Larmeſſin a ſubſtitué ſon nom à celui de Schmidt. Cette piece a été gravée en 1737.

No. 102.

Sujet tiré des Contes de la Fontaine. Le mari eſt aſſis devant une table, feuilletant des regiſtres. L'amant eſt debout à côté de lui, & lui parle en montrant la femme, qui eſt auſſi debout, & placée derriere. L'inſcription eſt: A femme avare galant eſcroc; avec ces vers: Rayés les — a reçûs. M. Roy. A Paris, chez de Larmeſſin &c. N. Lancret pinx. de Larmeſſin ſculpſ. La h. eſt de 12 p. 1 l. & la l. de 13 p. 6 l. Il eſt encore à obſerver, que la figure de l'amant repréſente notre artiſte, & celle du mari le frère de M. Lancret. On a deux différentes épreuves de cette eſtampe: les premieres portent le nom de Larmeſſin, les ſecondes ſont égales quant aux premieres, ſi ce n'eſt qu'on lit encore au milieu des vers l'adreſſe: à Paris chez

Buldet & Comp[ie]. Les ſecondes ſont tirées après la retouche de la planche. Dans notre collection de l'oeuvre de Schmidt, nous avons rencontré une épreuve avant la lettre, qui eſt unique. Cette eſtampe eſt de l'année 1738.

No. 103.

Autre ſujet tiré des Contes de la Fontaine. On voit l'intérieur d'une chaumiere. La maîtreſſe de Fréderic, s'étant levée de table, lui préſente une main, qu'il arroſe de ſes larmes. Derriere la table il y a une vieille ſervante, qui ôte le couvert. Dans le fond on voit la tête du faucon tué. L'inſcription au bas eſt: Le Faucon; avec ces vers. Des tréſors — un amant. M. Roy. A Paris chez Larmeſſin &c. Lancret pinx. Schmidt ſculpſ. La h. eſt de 12 p. 2 l. & la l. de 13 p. 10 l. Il y a de cette eſtampe deux différentes épreuves. Les premieres portent le nom de Schmidt & ſont extrémement rares, les ſecondes ſont avec le nom de Larmeſſin, ſubſtitué à celui de Schmidt *). Gravé dans l'année 1738.

No. 104.

Un ſujet repréſentant une Dame devant ſa toilette, tenant de ſa main droite le portrait de ſon amant, aſſis à côté d'elle. Les deux amans ſe donnent

*) Nous nous flattons que les amateurs qui recherchent les productions de notre artiſte nous ſauront gré en inſerant ici l'extrait d'une lettre de M. Wille, en date de Paris le 28. Mars 1783. „Les eſtampes que Schmidt a gravées d'après „Lancret ſont très-aiſées à trouver, mais non avec le nom „de Schmidt. Il n'y eut dans le tems que 12 épreuves avec „ſon nom; enſuite il fut effacé ſelon la convention entre lui „& Larmeſſin, qui ſubſtitua le ſien. Cette affaire s'eſt paſſée „devant moi, il y a environ 45 ans.

les mains. En bas il y a l'inſcription: L'adoleſcence: avec ces vers: Jeune beauté — connoître pas. Cochin filius invenit. G. F. Schmidt ſculpſ. Dans le milieu des vers on lit: à Paris chez Dupuis, graveur du Roi &c. La h. eſt de 7 p. 9 l. & la l. de 8 p. 4 l. Elle eſt de l'année 1738.

No. 105.

Une demi-figure, que Schmidt grava en 1738. d'après un deſſin de Watteau, ſur une planche in-4°. C'eſt une jeune femme presque de profil, coiffée en cheveux relevés, avec un mantelet ſur les épaules, mais ſans mains. Cette gravure eſt en grande partie à l'eau-forte & légérement touchée au burin, comme cela ſe trouve aux deſſins ſpirituels de ce maître. Nous en ignorons les dimenſions & pour qui elle a été faite.

No. 106.

Quelques petits Poliſſons, les uns aſſis, les autres debout, dont les uns ſe moquent des autres, ſur une planche, petit in-folio en hauteur, que Schmidt grava presque toute au burin en 1738. pour un particulier, qui vouloit faire valoir ſon argent. C'eſt une eſtampe médiocre, ayant été faite d'après un mauvais tableau. Schmidt étoit lui-même de ce ſentiment, l'eſtimant ſi peu qu'il ne voulut jamais en faire voir les épreuves, mais il l'avoit gravée pour de l'argent. Cette eſtampe n'a jamais paru dans le commerce, & l'on n'en rencontre aucune épreuve.

No. 107.

Un crucifix, piece médiocre. En bas de la croix il y a le ſerpent & la pomme. L'inſcription au bas eſt: Voilà — même. Sculpté par F. Girardon. Gravé par C. F. Schmidt. A Paris chez la veuve de F. Chereau, graveur du Roi, rue St. Jacques aux deux piliers d'or. A. P. D. R. La h. est de 13 p. 7 l. & la l. de 7 p. 11 l. C'est dans l'année 1738. que cette estampe a été gravée.

No. 108.

Deux petites gravures satyriques, contre la Marquise du Châtelet, d'après les dessins de Cochin. L'une représente Apollon sur un piédestal, tenant dans la main droite un rat, & dans la gauche la lyre, sur le dos il porte le carquois rempli de flèches; dans le lointain il y a un paysage. L'autre représente une dame à la porte d'un bâtiment, se regardant dans un miroir de poche, qu'elle tient dans la main gauche; sur la tête on voit quatre rats. A l'entrée du bâtiment il y a un homme qui lui présente une marotte; devant la dame on voit encore un petit polichinelle, portant sur la tête un chaudron au lieu d'un casque, & sur l'épaule droite une torche allumée; au lieu d'épée il porte une broche, qu'il tient avec la main gauche. Au dessus de la porte il y a encore deux gros rats qui servent de supports à un cartouche. Toute l'action se passe à la lueur de la pleine lune. Le sens de ces deux estampes n'est pas trop aisé à deviner, & fait sans doute allusion au caractère de cette dame, d'ailleurs si célèbre par l'universalité de ses connaissances & surtout par son génie pour les recherches philosophiques. Ce qui prouve que ces deux pieces, de la plus grande rareté, sont indubitablement gravées par Schmidt, ce sont les deux épreuves avant la lettre qui se trouvent dans notre collection. Dans le morceau qui représente Apollon, M. Cochin donne quelques avis de sa propre main à Schmidt, qu'il nomme, au sujet des corrections nécessaires à faire. Comme ces deux pieces sont pendants, elles sont de la même grandeur. La h. eſt de 6 p. 10 l. & la l. de 4 p. 5 l. Elles ont été gravées dans l'année 1738.

No. 109.

Le frontiſpice, les vignettes, les culs-de-lampes & lettres griſes *), en 32 pieces, y compris un cul-de-lampe pour la fin du Diſcours préliminaire, qui n'a pas été employé, pour la grande édition des Mémoires de Brandebourg, publiée en 1767. à Berlin, chez C. F. Voſs en 3 Vol. in-4°. Nous allons donner une deſcription de ces pieces ſuivant l'ordre dans lequel elles ſe trouvent dans le livre.

a) Le frontiſpice offre la Vérité qui écrit l'hiſtoire de Brandebourg. Un Génie lui enleve le voile & découvre le ſoleil ſur ſa poitrine. Quatre autres Génies lui préſentent une plume, un encrier, des médailles &c. pendant que deux autres s'amuſent à examiner ces médailles. Le Tems en haut leve un rideau, & montre à la Vérité les événemens du paſſé. On voit dans le lointain une bataille près d'une ville incendiée. On lit en bas: G. F. Schmidt inv. & ſculpſ. La h. eſt de 8 p. & la l. de 6 p. 6 l.

b) La vignette pour le titre du Tome Ier. La Muſe royale de l'hiſtoire, caracteriſée par le ſceptre qu'elle tient en main, écrit l'hiſtoire, elle eſt entourée de quelques Génies qui lui préſentent des livres, des documens &c. Le nom de Schmidt ne s'y trouve pas. La h. eſt de 2 p. 4 l. & la l. de 3 p. 3 l.

c) Le cul-de-lampe à la fin du Diſcours préliminaire (pag. XV.) repréſente le chiffre royal FR. qu'un

*) Le Frontiſpice & les portraits des vignettes, ſont gravés au burin, mais les vignettes même, les culs-de-lampes & les lettres griſes ſont à l'eau-forte.

Génie entrelacé d'une guirlande. Un autre feuillete un grand livre. Un pot de fleurs, une branche de laurier &c. servent à completer le sujet. On lit dans un coin à main gauche Georg Fridrich Schmidt fec. La h. est de 3 p. 1 l. & la l. de 3 p. 7 l.

*) Notre artiste grava encore d'après un dessin de Le Sueur, un autre cul-de-lampe pour la fin de ce Discours préliminaire; mais il ne fut pas employé & le précédent eut la préférence. Voici le sujet. Un lion couché brise une flèche; au dessus du lion l'aigle prussienne tient une banderole avec la devise: Quis hunc impune lacesset. Le chiffre royal est en bas dans un petit cartouche. Les ornemens de la vignette sont composés de différentes sortes d'armes & d'instrumens relatifs aux beaux arts & à l'agriculture. Comme cette planche n'a pas été employée, elle est extrémement rare. Le nom de Schmidt n'y est pas. Au reste elle est exactement de la même grandeur, que celle dont on a fait usage.

*) La vignette au commencement des Mémoires (pag. 1.) représente un trait de l'histoire du Bourggrave Frédéric IV. de Nuremberg, qui battit Fréderic d'Autriche, le fit prisonnier & le livra à l'Empereur Louis de Baviere &c. (pag. 3.) Tel est le sujet de la planche. Près du tapis qui couvre les gradins du trône impérial on lit: G. F. Schmidt fec. Les épreuves avant ce nom sont très-difficiles à trouver. La h. est de 3 p. 4 l. & la l. de 5 p. 3 l. *).

*) Pour éviter les répétitions des mesures égales, nous remarquerons que tous les ornemens dont nous n'indiquons point les dimensions, sont à peu près de même grandeur: savoir les vignettes de 3 p. & de 3. 4 à 5 l. de h. sur 5 p. & 3. 4 à 5 l. de l. & les culs-de-lampes de 3 p. 11 l. à 4 p. de h. sur 4 p. & 4 à 5 l. de l. & les lettres grises de 13 l. en carré.

f) Le cul-de-lampe (pag. 10.). Deux branches de palmier, un caducée, une trompette. La h. est de 1 p. & la l. de 3 p. 10 l. C'est le même qui est employé p. 136. dans les Poësies diverses.

g) La vignette au commencement de la Vie de l'Electeur Fréderic I. (pag. 11.) représente le portrait de ce Prince dans une bordure ovale, decoré du manteau électoral ayant la tête nue *). On lit dans la marge de la planche du bas vers la gauche: G. F. Schmidt sculp. Les épreuves avant le nom, sont très-rares.

h) Le cul-de-lampe à la fin de cette Vie (pag. 14.) offre deux Génies, occupés à attacher les armes de la Marche Uckeraine à une colonne, sur laquelle celles de la vieille & moyenne Marche sont déja attachées. On voit encore dans le fond un combat de cavalerie, faisant allusion à la guerre que Fréderic I. fit aux Ducs de Pomeranie, sur lesquels il conquit la Marche Uckeraine & la réunit à la vieille & moyenne Marche, (pag. 13.) Le bonnet électoral & la clé de chambellan posés sur un coussin, marquent que ce Prince fut le premier de la maison de Hohenzollern, à qui l'Empereur conféra la dignité électorale, & la dignité d'archichambellan de l'Empire (pag. 11.) On lit au bas de l'estampe, G. F. Schmidt fec.

i) La vignette au commencement de la Vie de Fréderic II. (pag. 15.) renferme le portrait de cet Electeur. La peau de lion & la massue d'Hercule font allusion à la force de ce Prince, au sujet de laquelle il fut surnommé Dent de fer. On lit dans la marge, au

*) La plupart de ces portraits ont une bordure ovale ou ronde, & sont représentés avec le manteau électoral & la tête nue. Les noms des Electeurs se trouvent au dessous de la bordure dans un cartouche. C'est pour éviter la répétition que nous faisons cette remarque.

bas vers la gauche; Schmidt fec. Les épreuves avant ce nom, font très-difficiles à trouver.

[s]) Le cul-de-lampe à la fin de cette Vie (pag. 18.) a pour fujet deux Génies, l'un tient une balance & le bàton fymbolique de l'hommage & l'autre qui tient une branche de laurier & une épée, s'appuye fur un lion couché. Ce fujet fait allufion au caractère jufte & modéré de ce Pr ce (pag. 16. 17.) On apperçoit encore vers la gauche de la piece un vieux château fitué fur un rocher, & on lit vers le bas de l'eftampe. G. F. S. fec.

[t]) La vignette au commencement de la Vie d'Albert-Achille (pag. 19.) repréfente le portrait de cet Electeur. Il porte une mouftache & la barbe courte & frifée féparée au milieu. Les différentes armes & le miroir, qu'on voit autour du portrait, font les emblêmes de la valeur & de la prudence de ce Prince (pag. 19.) Le nom de Schmidt ne fe trouve pas fur cette planche.

[u]) Le cul-de-lampe à la fin de cette Vie (pag. 26.) nous offre un combat de cavalerie, près d'une vieille tour. On y voit le Prince mentionné, qui dans une bataille contre les Nurembergeois enleva un étendart à un guidon de cette ville, & qui fe battit feul contre feize hommes (pag. 20.) Le refte de l'eftampe eft compofé de différentes armes anciennes. On lit près du pied, ou du bouton d'une lance, Georg Fridrich Schmidt fec.

[x]) La vignette au commencement de la Vie de Jean le Cicéron, (pag. 27.) repréfente le portrait de ce Prince entouré de trophées. Il a la barbe courte avec une mouftache. Le nom de notre artifte n'eft pas fur cette planche.

[y]) Le cul-de-lampe à la fin de cette Vie (pag. 30.) repréfente une bataille, dans laquelle l'Electeur défait

le Duc de Sagan & le fait prisonnier. On lit vers le bas de l'estampe; Schmidt sec. Les épreuves avant le nom, sont très-rares.

p) La vignette au commencement de la Vie de Joachim I. (pag. 31.) représente le portrait de cet Electeur. Il a la barbe courte, & la moustache mince. Le nom de Schmidt ne s'y trouve pas.

q) Le cul-de-lampe à la fin de cette vie (pag. 32.) offre trois Génies qui regardent une carte géographique. L'un montre avec le doigt la ville de Ruppin, faisant allusion à la réunion de ce comté à la Marche par cet Electeur (pag. 31.) Le chiffre R. se trouve dans un cartoucheau bas de l'estampe & manque dans les premieres épreuves. On lit à côté de ce cartouche; Schmidt fec.

r) La vignette au commencement de la Vie de Joachim II. (pag. 33.) montre son portrait. Il a la barbe courte & séparée du menton & porte une moustache. La corne d'abondance marque la libéralité de ce Prince. On lit à la marge au bas vers la gauche de l'estampe: G. F. Schmidt sculpf. Les épreuves avant le nom ne se trouvent que très-rarement.

s) Le cul-de-lampe à la fin de cette Vie (pag. 44.) représente l'Electeur qui, apprenant que l'Empereur Charles-quint avoit fait arrèter le Landgrave Philippe de Hesse & qu'il autorisoit sa démarche du passage équivoque d'un sauf-conduit dont l'Electeur étoit garant, fut si outré de colére de ce manque de foi, qu'il tira son épée contre le Duc d'Albe, Ambassadeur de l'Empereur à Berlin (pag. 42.) Le buste d'un gros moine, la Ste. Bible ouverte, la tiare du Pape renversée, les indulgences, le calice & les hosties &c. font allusion à la réforme de l'église, qui commença sous le régne de cet Electeur, le premier prince de Brandebourg, qui embrassa le luthéranisme. Le nom de Schmidt se trouve dans un coin de l'estampe, en bas au dessous de la Bible. Les épreuves avant le nom sont difficiles à rencontrer.

*) La vignette au commencement de la Vie de Jean George (pag. 45.) représente le portrait de cet Electeur. Il a la barbe courte & mince, & la moustache assez forte. On lit sur la marge d'en bas, à la gauche de l'estampe; Schmidt sec. Les épreuves avant ce nom sont rares.

**) Le cul-de-lampe à la fin de cette vie, (pag. 46.) représente l'Electeur partageant entre ses deux fils cadets, Christian & Ernest, les Marggraviats de Bareuth & d'Anspach, auxquels il succéda après l'extinction de ces deux maisons. L'aigle de Brandebourg qu'on voit au bas de cette gravure, tient deux cartouches avec les chiffres de ces Princes. Les premieres épreuves sont avant ces chiffres, & très-rares. On lit en bas: G. F. Schmidt sec.

*) La vignette au commencement de la Vie de Joachim Fréderic (pag. 47.) offre le portrait de cet Electeur. Il a la barbe courte & mince, & la moustache grande. On voit à la gauche du portrait le chapeau & l'épée électorale, & à la droite, la mitre & la crosse épiscopale, & un livre avec l'inscription: „Loix somptuaires", faisant allusion à la concession qu'il fit lorsqu'il parvint à la dignité électorale, de l'Archevêché de Magdebourg, & aux loix somptuaires qu'il fit publier. On lit à la main gauche de cette vignette à la marge d'en bas, Schmidt sec. Les épreuves avant ce nom ne se trouvent pas aisément.

**) Le cul-de-lampe à la fin de cette Vie (pag. 50.) a pour sujet la séance d'un conseil d'état dont ce Prince fut le fondateur. Le nom de Schmidt manque dans cette planche.

*) La vignette au commencement de la Vie de Jean Sigismond (pag. 51.) représente le portrait de cet Electeur. Il a la barbe courte & la moustache assez grande. Le livre ouvert avec l'inscription: „L'union," l'encrier & la plume, marquent la confédération que formerent alors les princes protestants, & dans laquelle cet Electeur fut un des premiers à entrer (p. 55.). On lit au bas de la marge à la gauche de la vignette: Schmidt fec. Les épreuves avant le nom sont très-rares.

*) Le cul-de-lampe à la fin de cette Vie (pag. 62.) fait allusion à cette union. On lit au bas de l'estampe: Schmidt fec. Les premieres épreuves ne portent, ni le nom de Schmidt, ni le mot: „Administration," sur le livre ouvert à la gauche de l'aigle de Brandebourg.

*) La vignette au commencement de la Vie de George-Guillaume (pag 63.) offre le portrait de cet Electeur. Il porte une barbe pointue, avec une petite moustache; les différentes armes, la torche allumée, & une ville incendiée dans le lointain, indiquent le régne malheureux de ce Prince, pendant lequel la guerre de trente ans désola ses états. On lit sur la marge à la gauche de l'estampe, au bas: Schmidt fec. Les épreuves avant le nom sont rares.

**) Le cul-de-lampe à la fin de cette Vie (pag. 108.) représente l'entrevue de cet Electeur avec le Roi de Suéde Gustave-Adolphe près de Berlin (pag 82.) La discorde sortant de son antre, tient d'une main une torche allumée, & de l'autre l'édit de restitution que l'Empereur Ferdinand publia (pag. 73.) Le nom de Schmidt ne se trouve pas sur cette piece.

bb) La vignette au commencement de la Vie de Frédéric-Guillaume (pag. 109.) offre le portrait de cet Electeur dans une bordure ovale, décorée de lauriers. Un grand manteau, doublé d'hermine lui couvre le corps. Il porte une cravatte, une grande perruque & une petite moustache. La Renommée sous la figure d'un petit Génie, ténant une trompette, lui ceint la tête d'une couronne d'étoile, signe de l'immortalité. Le lion couché, la massue d'Hercule, l'épée, le miroir &c. sont autant d'allusions aux éminentes qualités de ce grand Prince. Le Génie à la droite de l'estampe écrit l'histoire de ses exploits. Le temple de l'immortalité se présente dans le lointain. On lit à la marge d'en bas. Raymondon Essig. pinx. G. F. Schmidt inv. & sculps.

cc) Le cul-de-lampe à la fin de cette Vie, (pag. 208.) porte pour sujet la glorieuse expédition de l'Electeur qui, dans le coeur de l'hyver, fit transporter en Prusse un corps de ses trouppes en traîneaux sur la glace du Frischhaff, surprit les Suédois & les chassa du pays (pag. 178. 179.). On lit les mots: „Veni, vidi, vici." Sur le tour de la trompette, sonnée par un triton, on lit, G.F. Schmidt fec.

dd) La vignette au commencement de la Vie de Frédéric III. premier Roi de Prusse (Tom. II. pag. 1.), représente le portrait de ce Prince en profil, couvert de la couronne royale, soutenue par Minerve & décorée de guirlandes par deux Génies. On apperçoit encore dans le lointain l'arsenal & l'observatoire, que ce Roi fit bâtir à Berlin (pag. 69.), & on lit à la marge d'en bas G. F. Schmidt inv. & sculps.

ee) Le cul-de-lampe à la fin de cette Vie (pag 66.), a pour sujet la cérémonie de l'institution de l'ordre des chevaliers de l'aigle noir par ce Roi (pag. 27.).

Les différens instrumens, relatifs aux sciences & aux beaux arts, sont allusion à la protection dont ils jouissoient sous le règne de ce Prince, qui fonda l'Académie des sciences de Berlin (pag. 28.). On lit à la droite de la piece tout en bas, Schmidt fec. Les épreuves avant ce nom sont rares.

ff) La vignette au commencement de la Vie de Frédéric-Guillaume (pag. 67.), offre son portrait couvert de la couronne royale. Il est en cuirasse, décoré du cordon de l'ordre de l'aigle noir. La tête est couverte d'une perruque en queue. Les Génies qui s'amusent avec des instrumens militaires, indiquent l'esprit guerrier de ce Monarque (pag. 204.). On lit à la marge en bas. Pesne effig. pinx. G. F. Schmidt sculps.

gg) Le cul-de-lampe à la fin de cette Vie (pag. 176.) représente les Salzbourgeois fugitifs que ce Roi accueillit pour en peupler ses états. Ils arrivent en procession, & reçoivent des mains de la Piété personifiée du pain & de la protection (pag. 163.). On lit en bas, Schmidt fec. Les épreuves avant le nom sont très-difficiles à trouver.

hh) Le cul-de-lampe à la fin du Tome II. (pag. 212.) fait voir les armes de Brandebourg sur un pavillon couvert de la couronne royale. Les supports sont deux sauvages. On lit au bas à la droite de la planche, Schmidt fec. Les épreuves avant ce nom, sont fort recherchées. La h. est de 3 p. 4 l. & la l. de 3 p. 11 l.

ii) Les lettres grises A. C. F. G. I. J. L. O. & P. qu'on rencontre dans les trois Tomes de ces Mémoires sont les mêmes que celles dans la grande édition in-4°. des Poësies diverses. Toutes ces estampes ont été gravées pendant les années 1766 & 1767.

SECONDE PARTIE.

GRAVURES À L'EAU FORTE.

PORTRAITS INCONNUS.

No. 110.

Le portrait d'un Oriental, vu à mi-corps. Il est tourné vers la gauche de l'estampe, la tête vue de face. Il porte une barbe mince avec une moustache, une pelisse, un bonnet fourré & une chaîne d'or au cou. Cette piece paroît être un des premiers essais de Schmidt dans la gravure à l'eau-forte. En bas on lit: Rembrandt inv. & pinx. Schmidt fec. 1735. La h. est de 2 p. 9 l. & la l. de 2 p. 2 l.

No. 111.

Le buste d'un Vieillard, vu à mi-corps, la tête est couverte d'un bonnet fourré, orné d'une plume qui penche vers la gauche de l'estampe & une barbe carrée lui monte jusqu'aux temples. Le corps est couvert d'un surtout avec une ceinture autour de la poitrine & une cravatte sous le menton. A la droite de l'estampe, entre le bord & le bonnet on lit, G. F. Schmidt inv. & fec. L'année n'est pas marquée, mais on sait qu'elle est de 1748. La h. est de 3 p. 8 l. & la l. de 2 p. 9 l. Les épreuves sur du papier de la Chine sont très-precieuses. On en a aussi une copie faite par Thaenert, graveur à Leipzig.

No. 112.

Autre buste d'un Vieillard, moins fini, avec de simples tailles assez grossieres, & la tête dirigée vers la droite de l'estampe. Il a la mine riante, & ne porte point de barbe. La main gauche posée sur la poitrine, il montre avec l'index la bouche, qui est entr'ouverte. Il porte un bonnet élevé, courbé en avant, comme les bonnets Phrygiens. Le corps est enveloppé d'un manteau. On lit en haut, entre le bord de l'estampe, & le bonnet, & à rebours: Rembrandt del. & plus bas à main gauche; [monogram] Schmidt fec. aqua forti, aussi à rebours. Le fond est clair, à quelques tailles près derriere le dos. Sans année. La h. est de 3 p. 5 l. & la l. de 2 p. 7 l. Les épreuves sur du papier de soie de la Chine sont un bel effet & sont rares. Gravé dans l'année 1748.

No. 113.

Le buste d'une vieille Femme, vue de profil sans mains & la bouche ouverte. Elle porte sur la tête un bonnet de nuit entouré d'un mouchoir, & elle a le corps enveloppé d'un manteau. Le fond est ombré, seulement vers le bas, en diminuant vers le haut. On lit dans le coin d'en bas vers la gauche: Rembrandt delin. G. F. Schmidt fec. Aquafort. Point d'année. La h. est de 3 p. 8 l. & la l. de 2 p. 10 l. Il y en a des épreuves sur papier de soie de la Chine, qui sont très-rares. Il existe de cette piece une copie faite par le fils de notre artiste.

No. 114.

Le buste d'un Oriental, gravé dans le goût de Castiglione, vu de face & un peu penché vers la poitrine. La barbe, qui est touffue & frisée, monte jusqu'aux temples. La tête est couverte d'un bonnet élevé, orné en haut d'un croissant. Le corps est ajusté d'un manteau. Entre le bord de la planche & le bonnet on lit: G. F. Schmidt fec. 1750. & plus bas dans le coin à main gauche de l'estampe: dédié à Monsieur le Comte Algarotti, Chambellan de Sa Majesté Prussienne, par son très-humble & très-obéissant serviteur Schmidt. Il n'y a point de nom de peintre. La h. est de 7 p. 6 l. & la l. de 5 p. 6 l. Schleuen à Berlin en a fait une copie, de l'autre sens, de la même grandeur que l'original, excepté qu'elle à 6 lignes moins de haut, & qu'elle ne porte pas la dédicace au Comte Algarotti. On lit à gauche J. F. Schleuen fec. 1755.

No. 115.

La tête d'un Vieillard, gravée dans le goût de Castiglione & couverte d'une calotte. Elle est représentée presque de profil, dirigée vers la droite de l'estampe, un peu penchée vers la poitrine, & sans une grande barbe. Le corps est couvert d'une pelisse, qui est attachée sur la poitrine par une agraffe. Entre le bord de la planche & le bonnet, on lit: Schmidt fec. 1750. & dans le coin d'en bas, à la gauche de la planche: Dédié à Monsieur le Baron de Knobelsdorff, Intendant des bâtimens de Sa Majesté Prussienne, par son très-humble & très-obéissant serviteur Schmidt. Sans nom du peintre. La h. est de 5 p. 9 l. & la l. de 5 p. 3 l. On en a deux copies, faites à rebours; l'une par Schleuen à Berlin de la même grandeur, l'autre par Thaenert à Leipzig un peu plus étroite.

No. 116.

Le buste d'un vieux Guerrier, dans le goût de Castiglione, vu de face, la barbe courte la tête ajustée d'un vieux bonnet de fourrure avec une petite plume. Le corps est couvert d'une cuirasse. Entre le bord de l'estampe & la tête on lit: Schmidt fec. Sans nom de peintre ni l'année, quoique la piece soit de 1750. La h. est de 6 p. 11 l. & la l. de 5 p. 6 l. Les épreuves avant le nom du graveur sont rares.

No. 117.

Le buste d'un jeune Homme, la tête vue de face, & couverte du bonnet ordinaire dans les compositions de Rembrandt. Le visage est rond & sans barbe, ayant seulement une moustache mince. Les cheveux sont courts & frisés, le corps est enveloppé d' un manteau de fourrure & dirigé vers la gauche de l'estampe. Dans le coin on lit: Rembrandt pinx. G. F. Schmidt fec. Aqua forti 1753. La h. est de 4 p. 8 l. & la l. de 3 p. 7 l. Il y a de cette estampe des épreuves tirées sur du papier de la Chine, mais elles sont très-difficiles à trouver. L' on en a quatre copies, trois de la même grandeur: la premiere par Thaenert, la seconde par Nathe de Leipzig, de la même grandeur; la troisieme par Falbe de Berlin, & la quatrieme par Geyser de Leipzig de plus petit format.

No. 118.

Le buste d'un Homme de moyen âge, la tête nue & vue de face. Le corps est un peu tourné vers la gauche de l'estampe. Les cheveux sont courts & épars. Il n'a point de barbe, seulement une moustache, & porte au cou une chaîne d'or, qui lui pend sur la poitrine. On lit vers le bord gauche de l'estampe prèsqu'en haut: Rembrandt pinx. G. F. Schmidt fec. 1754. Cette estampe n'a pas été gravée d'après le tableau original de Rembrandt, comme il est indiqué, mais d'après une copie d'Antoine Pesne. La h. est de 4 p. 6 l. & la l. de 3 p. 6 l. Les épreuves tirées sur papier de la Chine, sont rares. C'est la même tête, mais un peu moins grande, que nous indiquerons sous No. 127.

No. 119.

Une vieille Femme, dite la Pouilleuse. Elle est vue à mi-corps & de face. Coiffée d'un bonnet, elle penche la tête vers l'épaule gauche, & demande l'aumône en tendant la main gauche. Une partie de la poitrine est nue, le reste du corps est enveloppé de haillons. On lit tout en bas près du bord: Rembrandt pinx. Schmidt fec. 1755. La h. est de 4 p. 7 l. & la l. de 3 p. 6 l. On en a une copie un peu plus grande, gravée par Thaenert à Leipzig.

No. 120.

Un Vieillard habillé en Persan. Il est vu debout & jusqu'aux genoux, le corps tourné vers la droite de l'estampe. La tête vue de face, est couverte d'un turban richement orné de pierreries, & d'une plume. La barbe est courte & frisée. Il pose la main droite sur une canne & tient le ceinturon de la gauche. Le corps est couvert d'un manteau de fourrure, qui est attaché sur la poitrine par une agraffe. On lit entre la marge gauche de l'estampe & le turban, presque tout en haut: Rembrandt pinx. G. F. Schmidt fec. aqua forti 1756. & en bas: du cabinet du Sieur Gotzkoffsky. La h. est de 6 p. 2 l. & la l. de 4 p. 9 l. Les bonnes épreuves sont avant l'indication du cabinet de Gotzkoffsky.

No. 121.

Le buste d'un Vieillard à moustache, vu de profil, & dirigé vers la droite de l'estampe. Il a peu de barbe, mais une moustache assez forte. La tête est ajustée d'un mouchoir en forme de turban & garnie de beaucoup de cheveux qui tombent en partie sur le front & en partie ſur les temples. Le corps eſt couvert d'une eſpèce de ſoutane, doublée de fourrure, ſous laquelle on voit une chaîne d'or avec une médaille, qui lui pend ſur la poitrine. On lit en bas: Rembrandt pinx. 1635. G. F. Schmidt fec. Petrop. 1758. La h. eſt de 6 p. & la l. de 4 p. 9 l. Les épreuves tirées ſur du papier de la Chine ſont très-rares.

No. 122.

La tête d'un Enfant, gravée en maniere de crayon. Elle eſt vue de profil, tournée vers la gauche, un peu penchée du même côté. Les cheveux ſont courts & épars. On lit en bas: Boucher delin. G. F. Schmidt fec. Petropol. 1759. La h. eſt de 8 p. 7 l. & la l. de 6 p. 11 l. Il y a des épreuves à la pierre noire, & à la ſanguine. On trouve l'original de Boucher dans la Suite publiée p . Démarteaux à Paris.

No. 123.

Le portrait d'une jeune Femme, vue à mi-corps, & tournée vers la gauche. La tête eſt ~~en profil~~, nue, garnie de longs cheveux, qui lui deſcendent ſur le dos, & qui ſont ornés d'un fil de perles & de diamants; elle porte auſſi des pendants d'oreilles de perles & un collier pareil. Son habillement eſt une eſpèce de mantelet, doublé de fourrure à la mode des femmes du tems de Rembrandt. Sur cet habillement elle porte deux chaînes d'or ornées de pierres précieuſes qui lui deſcendent ſur le ſein. Elle tient un éventail de la main droite. On lit, entre le bord gauche de l'eſtampe & la tête: Rembrandt pinx. G. F. Schmidt fec. aqua forti 1763. & en bas: du cabinet de Monſieur le Comte Kamke. La h. eſt de 7 p. 5 l. & la l. de 5 p. 11 l. Les épreuves ſur papier de la Chine jaunâtre ne ſe trouvent pas aiſément.

No. 124.

Le portrait d'un jeune Seigneur, représenté à mi-corps appuyant le bras gauche sur le bord d'un mur. Le corps est dirigé vers la gauche de l'estampe. La tête, coiffée du chapeau plat de Rembrandt & vue presque de face, est garnie de beaucoup de cheveux qui lui couvrent les épaules. Le corps est enveloppé d'un manteau ouvert par devant. On lit dans le coin d'en haut, vers la gauche de l'estampe: Rembrandt pinx. G. F. Schmidt fec. aqua forti 1763. & en bas: du cabinet de Monsieur le Comte de Kamke. La h. est de 7 p. 6 l. & la l. de 5 p. 10 l. On rencontre quelques fois des épreuves tirées sur papier jaunâtre de la Chine, mais elles sont rares.

No. 125.

Le buste d'un Homme de moyen âge, en ovale. Le corps enveloppé d'un manteau, est dirigé vers la droite de l'estampe. La tête vue de trois quarts, est garnie de beaucoup de cheveux bouclés, & elle est couverte d'un chapeau orné de deux plumes, plus haut par devant que par derriere, dans le goût des chapeaux de Rembrandt. Il a une petite barbe au dessus du menton, avec une moustache & une cravatte autour du cou. On lit entre la tête & le bord droit de l'estampe: G. Flinck 1637. G. F. Schmidt fec. aqua forti 1765. La h. est de 7 p. 1 l. & la l. de 5 p. 6 l. Il y a de cette estampe des épreuves tirées sur du papier de la Chine.

No. 126.

Une jeune Fille dans un ovale, représentée jusqu'aux genoux & debout, le corps dirigé vers la droite de l'estampe. La tête vue de trois quarts, est nue &

parée d'une plume blanche & de pierreries, surmontée d'un voile qui descend en partie le long du dos, & en partie sur la manche droite de la robe. Elle porte un collier de perles, & tient dans les bras un mopse. Il y a des ruines dans le lointain. On lit vers le bas: G. Flink pinx. G. F. Schmidt sec. 1766. Tiré du cabinet de Monsieur César. La h. est de 7 p. 2 l. & la l. de 5 p. 7 l. On en a des épreuves avant la lettre & sur du papier grisâtre, & une copie dans le sens opposé par Griesmann à Leipzig.

No. 127.

Le buste d'un Homme à tête nue, vu de face. Il a une très-petite barbe avec une simple moustache, peu de cheveux, lesquels sont courts & épars. Le corps est couvert d'un manteau ouvert en haut & il porte au cou une chaîne, qui lui descend sur la poitrine. On lit en bas: du cabinet de M[sr.] le Con[ller] Trible. Rembrandt pinx. G. F. Schmidt fec. 1768. La h. est de 5 p. 4½ l. & la l. de 4 p. 1 l.

No. 128.

La Juive fiancée, à mi-corps & debout, avec le corps & la tête vus de face. Elle appuye les mains sur une bordure, dans laquelle le tableau semble être monté; & elle porte deux chaînes d'or au cou & une ceinture du même métal. Elle est coiffée d'un grand chapeau rond & plat. Une ample chevelure lui couvre les épaules. L'inscription est: La Juive fiancée, gravée d'après le tableau original de Rembrandt, tiré du cabinet de Monsieur le Comte de Kamke, & dédié audit Seigneur par son très-humble, & très-obéissant serviteur Schmidt. Rembrandt pinx. G. F. Schmidt fec. 1769. La h. est de 8 p. 7 l. & la l. de 6 p. 9 l.

No. 129.

Le Pere de la Fiancée réglant sa dot. Il est représenté à mi-corps, assis devant un bureau sur lequel il appuye le bras gauche. La tête est vue de trois quarts & couverte d'une espece de barette. Il porte une grande barbe carrée & touffue avec une moustache & une chaîne d'or au cou. Il a la main droite posée sur une table & tient une plume dans la gauche. Il est vêtu d'une espece de soutane doublée de fourrure. On voit sur le bureau un livre de compte dans lequel est écrit: „Pour la dot de ma fille;" ce qui a donné le nom à cette piece. L'inscription est: Le Pere de la Fiancée réglant sa dot, d'après le tableau original de Rembrandt, tiré du cabinet de Monsieur le Comte de Kamke. Rembrandt pinx. 1641. G. F. Schmidt fec. aqua forti 1770. Comme cette estampe sert de pendant à la Juive fiancée elle est aussi de la même grandeur. L'on a des essais de cette piece.

No. 130.

Le portrait d'un Vieillard à grande barbe. C'est proprement l'estampe originale de Rembrandt, décrite par Gersaint dans son Catal. raisonné de l'oeuvre de ce maître, No. 239. en ces termes. „Le Portrait „d'un Vieillard à grande barbe. Sa tête est de face & „couverte du bonnet ordinaire qui est placé de côté: il „porte sa main gauche à son bonnet, dans l'attitude d'un „homme qui veut saluer quelqu'un. Tout le reste n'est „que légérement esquissé; il est sans nom, ni année, „& porte 5 p. 1 l. de h. sur 4 p. 2 l. de l. Il est fâcheux „que Rembrandt n'ait point entierement fini ce Portrait, „qui auroit été sûrement un de ses plus beaux: la tête, „qui est toute en demi-teinte, est touchée avec un esprit „admirable." La planche originale de cette estampe fut achetée en Hollande, il y a plusieurs années, par M. le

Conseiller Trible de Berlin & Schmidt la termina ensuite, en ajoutant le corps & quelques accessoires d'après le dessin de le Sueur. Au commencement on a vendu ce morceau pour être de Rembrandt. On voit actuellement le Vieillard debout jusqu'aux genoux & de face. Il est ajusté d'une longue pelisse, ouverte par devant, avec une écharpe, & il porte au cou une chaîne d'or avec une médaille. Il pose la main droite sur une feuille de papier, placée sur une table, où l'on voit le buste d'Homére & quelques livres. Derriere la table est une croisée, par où le jour entre. Le fond offre un rideau & un bout de bibliothéque. Schmidt a exécuté cette piece parfaitement bien dans le goût de Rembrandt; mais comme il n'en a fait tirer qu'environ 50 épreuves, à ce qu'on dit, elles sont extrémement rares & très-recherchées par les amateurs. L'estampe ne porte ni l'année, ni le nom de l'artiste. La h. & la l. sont les mêmes que celles qui se trouvent indiquées par Gersaint. Cette estampe est de l'année 1770.

No. 131.

Le buste d'un Vieillard, tourné vers la droite de l'estampe. La tête, qui est couverte d'un chapeau ou d'un bonnet dans le goût de ceux de Rembrandt, est vue de trois quarts. Il porte une grande moustache avec une barbe très-large & très-touffue, qui s'étend jusqu'aux temples. Le corps est enveloppé d'une large draperie brodée & doublée de fourrure. Il porte au cou, une double chaîne d'or, qui lui pend sur la poitrine. On lit en bas: G. Flinck pinx. 1642. G. F. Schmidt fec. aqua forti 1772. La h. est de 6 p. 5 l. & la l. de 4 p. 11 l. Il y a des épreuves avant la lettre & d'autres tirées sur du papier jaunâtre de la Chine; mais elles sont très-rares.

SECONDE PARTIE.

GRAVURES

À

L'EAU FORTE.

PORTRAITS

CONNUS.

No. 132.

La tête du Chanteur Salimbeni, dans une bordure ovale, gravée dans le goût antique. Elle est vue de profil, tournée vers la droite de l'estampe. Derriere elle on lit en caractères lapidaires: ΣΑΛΙΜΒΕΝΟΣ & en bas sur un marbre antique: ΜΟΥΣΑΙΣ ΑΛΓΑΡΟΤΤΟΣ. On lit sur la marge d'en bas: G. F. Schmidt ad vivum delin. & sculps. Berolini 1751. La h. est de 8 p. 3 l. & la l. de 6 p. 5. l.

No. 133.

La tête du Comte Algarotti, dans une bordure ovale, gravée dans le goût antique, & faisant pendant avec l'estampe précédente. Elle est vue de profil, dirigée vers la gauche de l'estampe. Derriere la tête on lit en caractères lapidaires: ΑΛΓΑΡΟΤΤΟΣ. En bas il y a un bas-relief, représentant Apollon, qui joue de la lyre, & les neuf Muses. On en a trois différentes épreuves. Aux premieres le nom ΑΛΓΑΡΟΤΤΟΣ est avant les barres noires, tirées sur les lettres & au bas G. F. Schmidt ad vivum del. & sculp. Berolini 1752. Aux secondes se trouvent les barres noires, tirées sur les lettres & sans le nom du graveur, au lieu duquel on lit les vers suivans gravés sur une planche séparée: „Haec Algarotti — instar erat." Les troisiemes sont à tous égards pareilles aux secondes, excepté que la planche a été rognée, sans que l'ouvrage des eaux fortes ait souffert. L'on a employé pour les ornemens une planche séparée, au bas de laquelle se trouvent les vers italiens: „Mira del Algarotti — d'ogni poema:" qui sont une traduction libre des vers latins en question. La h. est de 8 p. & la l. de 6 p. 5 l.

F

No. 134.

Le portrait de Schmidt, gravé dans la maniere de Rembrandt. Il est vu de face, assis devant une table & dessinant sur une feuille de papier avec un porte-crayon, qu'il tient de la main droite. Il est en robe-de-chambre & à la tête couverte d'un grand bonnet qui penche vers l'épaule droite. On lit entre le bord gauche de l'estampe & le bonnet, mais à rebours : G. F. Schmidt se ipse fecit aqua forti 1752. & à la marge d'en bas. G. F. Schmidt se ipse fecit. La h. est de 7 p. 8 l. & la l. de 6 p. 4 l. Il y a des épreuves sur du papier de la Chine, mais elles sont très-rares. Il existe une copie faite à contre-partie. Elle est beaucoup plus petite que l'original, & les mains y manquent. L'inscription est : George Friderich Schmidt, Königl. Preuss. Hoff-Kupferstecher, Mitglied der Maler-Academien zu Berlin und Paris. G. F. Schmidt delin. 1752. F. Kaucke fecit aqua forti.

No. 135.

Le portrait de Me. Schmidt en Couseuse. Elle est vue assise & tournée vers la droite de l'estampe. Elle est en négligé, & elle a la tête couverte d'un bonnet noué par un ruban sous le menton. On lit en haut vers la main gauche de la planche : Schmidt fec. ad vivum 1753. La h. est de 4 p. 5 l. & la l. de 3 p. 6 l.

No. 136.

Le buste de Me. Schmidt, vu de profil & tourné vers la gauche de l'estampe. Elle a la tête nue & les cheveux frisés. On lit sur le bord d'en bas : G. F. Schmidt fec. Sans l'année qui est 1753. La h. est de 3 p. 9 l. & la l. de 2 p. 11 l. Les épreuves sur du papier de la Chine, sont rares, de même que les essais.

No. 137.

Le Prince de Gueldre ménaçant son pere emprisonné. Le Prince debout & vu jusqu'aux genoux, est à la porte de la prison. Le visage contracté par la colere, il ménace de la main gauche son malheureux pere, regardant par un petit volet qu'il tient ouvert. On lit sur une base au dessous de la tête du pere, mais à rebours: Rembrandt fec. 1635. & au bas: Rembrandt pinx. 1635. G. F. Schmidt fec. 1756. Le tableau original est dans la galerie de Sa Majesté Prussienne. La h. est de 9 p. 1 l. & la l. de 7 p. 4 l. Il y a des épreuves sur du papier de la Chine, mais elles sont rares. Ce même tableau, qui est de 5 pieds de hauteur, & de 4 pieds de largeur, a été aussi gravé par Daniel Berger, fils, l'an 1767. mais dans cette estampe les figures sont disposées comme sur le tableau, & dans le sens opposé de l'estampe, gravée par notre artiste. Nous n'en faisons mention, que parce que Schmidt n'a point rendu les deux Négres qui sont derriere le Prince, dans l'original & dans l'estampe de Berger.

No. 138.

Le portrait du D. Lieberkühn, habile Médecin à Berlin, gravé dans le goût de Castiglione & d'après son propre dessin. Hygie & les autres accessoires qui entourent le portrait, sont dessinés par le Sueur. Le dessin original se trouve dans la collection de M. le Recteur Meil le cadet à Berlin. Nous n'avons pas cru pouvoir faire une meilleure description de cette estampe, la plus rare de celles que Schmidt a gravées à l'eau-forte, qu'en traduisant en extrait la description donnée par M. le D. Möhsen célèbre Médecin à Berlin, dans son livre intitulé: Verzeichniss einer Sammlung von Bildnissen grössentheils berühmter Aerzte; à Berlin 1771. in-4°. p. 31.

„L'amitié & l'habileté du célèbre Schmidt ont concouru „à l'envi, pour conserver la mémoire de cet homme de „mérite: mais j'apprends que peu de tems après l'im- „pression la planche a été détruite *) par un accident, „lorsqu'on en eut tiré une cinquantaine d'épreuves, qui „ont été distribuées parmi les plus intimes amis de feu „M. Lieberkühn; par conséquent il n'y a point de „doute, qu'à l'avenir cette estampe ne devienne extrê- „mement rare comme elle l'est déja. Pour faire plai- „sir aux amateurs des estampes, gravées à l'eau-forte „dans la maniere de Rembrandt, par Schmidt, j'ajou- „terai une courte description de cette piece rare, gravée „avec esprit dans la maniere de Castiglione. Elle est „décorée de différentes allégories, qui font allusion aux „qualités & aux talens de cet homme célèbre. Le loin- „tain représente les murs du temple de la Gloire aux- „quels sont appendus, d'un côté les médaillons d'Hip- „pocrate & de Galien, de l'autre celui de Boerhave. „La Médecine pose le portrait très-ressemblant du dé- „funt sur les marches du temple, pour le placer entre „Hippocrate & Galien, où l'on apperçoit une place en- „core vide. Le portrait est vu de face; à sa gauche, „près de la marge on lit: D. J. N. Lieberkühn. La „Médecine est représentée par une jeune femme de „moyen âge, ajustée d'une large draperie sans manches,

*) Nous osons douter de cette assertion de M. Möhsen, d'a- près la connoissance que nous avons, que la planche se trouve encore entre les mains des héritiers de Schmidt, qui continuent d'en distribuer des épreuves médiocres. Il est vrai, que du vivant de l'artiste les épreuves étoient extrê- mement rares, parce qu'il falloit être de ses grands amis pour en avoir & qu'il se faisoit payer jusqu'à 3 Louis, sous prétexte que la planche étoit perdue; avis aux amateurs des premieres épreuves, de ne rechercher que celles qui sont avant la lettre, où il n'y a point de D. avant le nom J. N. Lieberkühn.

„comme étoit la déesse de la Santé Hygie à Corinthe ou „à Sycione. Jusqu'au front la tête est couverte d'un „voile & couronnée de lauriers. La Médecine tient dans „la main droite le bâton d'Esculape & de la gauche le „portrait avec quelques plantes médicinales. On voit aussi „derriere le portrait un peu à côté, un aloès. Derriere „la Médecine s'éleve une pyramide, symbole de l'im„mortalité, devant laquelle on voit le coq d'Esculape, „qui fait allusion à l'attention, & à la vigilance, deux „qualités que le défunt possédoit en un éminent degré. „Un microscope composé, une machine pour l'anato„mie des grenouilles, une lampe antique mise sur „quelques livres &c. font allusion aux heureuses inven„tions de Lieberkühn dans l'optique, & dans l'histoire „naturelle, ainsi qu'à ses veilles & à ses études insati„gables. L'inscription est: Belohnung der Tugend. „F . . . fec. aqua forti 1757." La h. est de 9 p. 10 l. & la l. de 7 p. 3. l. Il y a des épreuves tirées sur du papier de la Chine, mais elles sont rares.

No. 139.

Le Patriarche Jacob, représenté par un vieillard vénérable avec une barbe longue & touffue. Il est vu presque de profil, ayant le corps, qui est ajusté d'un manteau, & la tête qui est nue, dirigés vers la droite de l'estampe. Entre le front du vieillard & la marge gauche de l'estampe on lit: Rembrandt pinx. G. F. Schmidt fec. 1757. L'inscription en bas est: Abbildung des Jacobs, aus der Sammlung des Herrn Cesars, Geh. Secretaire bey Ihro Königl. Hoheit dem Prinz Heinrich, Wohnhafft unter den Linden in Anderschson Hauss. La h. est de 4 p. 6 l. & la l. de 3 p. 8 l. Il y a des épreuves tirées sur du papier de la Chine ainsi qu'à la sanguine, sans inscription; elles sont toutes deux très-rares, furtout les dernieres, & les feules dans ce goût parmi fes eaux fortes. M. Griesman, éleve de M. Baufe à Leipzig, en a donné une copie de la même grandeur, mais dans le fens oppofé.

No. 140.

Le portrait de Mlle Clairon, dans une bordure ovale. Repréfentée en bufte & dirigée de profil vers la droite, elle eft habillée en Sultane, & elle a les cheveux ornés d'un croiffant de perles & d'un voile, qui lui tombe fur le dos. En bas on lit l'infcription fuivante: Mademoifelle Clairon, célèbre Actrice de la Comédie françoife, dédié à fon Excellence, Monfieur le Chambellan Ivan Ivanowitfch Schuwalow, Curateur de l'Univerfité & de l'Académie des arts de Mofcow, par fon très-humble & très-obéiffant Serviteur Schmidt * * *. deffiné par Cochin le fils, & gravé à l'eau-forte par Schmidt * *. La h. eft de 6 p. 3 l. & la l. de 4 p. 11 l. Le deffin original fe trouve dans la collection de M. Crayen à Leipzig. Ce portrait, foible d'effet, a été gravé vers 1757 ou 1758. On en a une copie un peu plus petite, gravée par D. Berger à Berlin.

No. 141.

Le portrait de Schmidt avec l'araignée. Il eft repréfenté affis devant un bureau deffinant fon propre portrait. Par le gefte qu'il fait de la main gauche, il femble fe regarder dans un miroir, qui n'eft cependant pas vifible. Il eft en robe de chambre, la tête couverte d'un chapeau. A côté du bureau on voit une bouteille avec un verre à vin & derriere lui un violon, une épée avec le ceinturon, & un thermomètre. A la fenêtre ouverte il y a une araignée dans fa toile. L'infcription eft: George Friderich Schmidt, fe ipfe fecit aqua forti. Petropol. 1758. La h. eft de 8 p. 7 l. & la

l. de 6 p. 3 l. La copie faite par M. Wagner, se trouve à la tête de cet ouvrage.

No. 142.

Le portrait de Me. Schmidt. Elle est vue assise en négligé devant une table, lisant dans un livre qui porte pour titre: Oeuvres du philosophe de Sans-souci. Epitre XVIII. au Maréchal de Keith. Elle paroît faire des réfléxions sur sa lecture, ce qui est marqué par le geste qu' elle fait de la main gauche. On lit sur une étiquette, qui pend hors du livre; Peint & gravé par Schmidt. L'inscription est: Dorothée Louise Viedebandt, Femme de George-Fréderic Schmidt, graveur du Roi & membre de l'Académie Royale de Peinture & Sculpture de Paris; à St. Petersbourg, en 1761. La h. est de 8 p. 9 l. & la l. de 6 p. 8 l. Nous avons une contre-épreuve de cette estampe tirée sur du papier de la Chine.

No. 143.

Le buste de J. J. de Schouwalow, dans une bordure ovale. Il est vu de profil, dirigé vers la gauche de l'estampe, & décoré de l'ordre de l'aigle blanc. Il porte les cheveux noués par derriere avec un ruban. On lit dans la bordure: J. de Schouwalow, Lieutenant-Général, Chambellan de S. M. Ile. de toutes les Russies, Chef du noble Corps des Cadets, Chevalier de plusieurs ordres &c. & en bas: De Schouwalow — à son Bienfaiteur J. J. Schouwalow par son très-humble & très-obéissant Serviteur G. F. Schmidt en 1762. La h. est de 7 p. 9 l. & la l. de 6 p. Ce portrait est très-rare. Il y a aussi des épreuves tirées sur papier jaunâtre de la Chine, & des essais avant les vers & l'inscription dans la bordure.

No. 144.

Le portrait du Juif Hirsch Michel. Ce vénérable vieillard est représenté debout jusqu'aux genoux, ayant le corps dirigé vers la droite de l'estampe. La tête couverte d'un haut bonnet de fourrure, est vue un peu plus que de profil. La barbe touffue & frisée, lui monte jusqu'aux oreilles. Il est vêtu d'une robe de chambre doublée de fourrure, avec les mains jointes sur le ventre. On lit entre le bord gauche de l'estampe & la tête: G. F. Schmidt ad vivum faciebat. Berolin. 1762. & en bas: Hirsch Michel praesentirt an Isaac Onis durch Aaron Monceca. La h. est de 6 p. 4 l. & la l. de 4 p. 9 l. L'idée de cette estampe a été une plaisanterie que Schmidt a voulu faire au Marquis d'Argens à l'occasion de ses Lettres Juives. Il y a des épreuves tirées sur papier jaunâtre de la Chine, mais on ne les rencontre que rarement.

No. 145.

La Mere de Rembrandt. On voit une vieille femme décrépite, à mi-corps, dirigée vers la droite de l'estampe, la tête vue un peu plus que de profil. Elle a les yeux baissés, la bouche à demi-ouverte & les mains jointes. Elle est couverte d'un manteau de fourrure, ayant un capuchon qui lui couvre la tête. L'inscription est: la Mere de Rembrandt, du cabinet du Sieur Godskoffsky. Rembrandt pinx. G. F. Schmidt fec. Berolini 1762. La h. est de 6 p. 3 l. & la l. de 4 p. 7 l. On en a des épreuves sur papier jaunâtre de la Chine & une copie de la même grandeur dans le sens opposé par J. J. Wagner, éleve de M. Bause à Leipzig.

No. 146.

La tête de Me Karsch à l'antique dans une bordure ovale. Elle est vue de profil & dirigée vers la droite de l'estampe. On lit en bas: Anna Louisa Dürrbach. G. F. Schmidt fecit aqua forti 1763. A côté de l'inscription on voit la lyre avec une couronne de lauriers. Ce morceau a été placé à la tête de ses Auserlesene Gedichte; à Berlin, chez Winter, in-8°. 1764. La h. est de 5 p. 8 l. & la l. de 3 p. 6 l. Il s'en trouve encore une copie de la même grandeur dans le même sens, faite par Schleuen.

No. 147.

Le portrait d'une Dame appellée la Princesse d'Orange. Elle est représentée à mi-corps, dirigée vers la droite de l'estampe, & le visage vu de trois quarts. La tête nue est garnie de longs cheveux qui tombent sur le dos. Le voile, qui est attaché aux cheveux par un rang de perles, flotte sur les épaules. Le corps est enveloppé d'un manteau, attaché sur la poitrine par une agraffe. La chemise, qui est fermée sous le menton, lui couvre toute la gorge. On lit à la droite de l'estampe en haut: Rembrandt pinx. G. F. Schmidt fec. 1767. La h. est de 7 p. 2 l. & la l. de 5 p. 11 l.

No. 148.

Le portrait du Jouaillier Dinglinger de Dresde, en ovale. La tête vue de trois quarts, est tournée vers la droite de l'estampe, & couverte d'un grand bonnet de fourrure, & le corps, qui se présente de face, est vêtu d'une robe de chambre doublée de pelisse. On lit en bas: Dinglinger. Ant. Pesne pinx. G. F. Schmidt fec. 1769. Du cabinet de Msgr. le Prince Henri. La h. est de 5 p. 9 l. & la l. de 4 p. L'on en trouve une copie de la même grandeur dans le sens opposé par J. J. Wagner.

No. 149.

Le portrait du Dr. Moehsen, en buste avec une bordure ronde, autour de laquelle on lit: J. C. V. Moehsen. M. D. Coll. Med. super. Boruff. R. Coll. Sanit. &c. N. C. Membr. Il est tourné vers la droite de l'estampe. La tête est vue de trois quarts. On voit sur le devant deux petits Génies, dont l'un, caracterisé par le porte-crayon qu'il tient, figure le Génie du dessin, l'autre par le bàton d'Esculape entortillé d'un serpent, celui de la Médecine, & ils s'amusent à regarder une estampe. Il y a des livres, une lampe antique, des médailles &c. L'ensemble fait allusion aux connoissances médicales de ce savant, & à son amour pour les beaux arts, amour qu'il a manifesté par deux collections de portraits de Médecins, & de médailles frappées à leur honneur, & encore par des livres qu'il a écrit sur ces sujets. L'inscription est: Amicorum opus. G.F. Schmidt pinx. Berolini 1763. F. Rode & J. C. Krüger sc. G. F. Schmidt perfec. 1771. Le portrait est gravé par Krüger & terminé par Schmidt. Les ornemens allégoriques sont gravés à l'eau-forte par F. Rode. La h. est de 7 p. & la l. de 5 p. 4 l. Il y a des épreuves avant la lettre & avant l'inscription dans la bordure, mais elles sont bien rares. Au sujet de ce portrait, nous ferons observer aux amateurs, que c'est la seule estampe que notre artiste ait fait d'après une peinture par lui même.

No. 150.

Le portrait d'un jeune Homme, peut-être de Rembrandt. Il est représenté à mi-corps, tourné vers la droite de l'estampe. La tête est vue de face, & couverte du bonnet plat qui est assez commun dans ses tableaux, & qui est mis un peu de travers. Les cheveux lui couvrent le front & les oreilles; il ne porte ni barbe, ni moustache. La poitrine est couverte d'un hausse-col, sur lequel pend une chaine d'or. Une espèce de camisole étroite lui couvre le corps & une longue draperie lui descend sur l'épaule droite. Entre la marge gauche & le bonnet est écrit: Rembrandt pinx. 1634. G. F. Schmidt 1771. fec. aqua forti. L'inscription est: Le tableau original est à Florence dans la collection de M. le Marquis Gerini. La h. est de 5 p. 9 l. & la l. de 4 p. 8 l. On rencontre des épreuves tirées sur du papier jaunâtre de la Chine, mais elles sont très-rares.

No. 151.

Le portrait de Rembrandt dans son moyen âge. Il est représenté à mi-corps, tourné vers la main gauche de l'estampe. La tête penchée vers l'épaule droite & couverte du chapeau ordinaire de Rembrandt, est vue presque de face. On voit peu de cheveux, excepté une petite touffe qui lui couvre la tempe gauche. Il est sans barbe, ayant seulement une petite moustache. Il porte une veste sur laquelle il a une large robe doublée de fourrure, ouverte par devant, avec un mouchoir autour du cou. Un ruban avec une médaille lui pend sur la poitrine. On lit entre la marge gauche & le chapeau: Rembrandt se ipsum pinx G. F. Schmidt fec. aqua forti 1771. L'inscription est: Dédié à Monsieur B. N. le Sueur, par son ami Schmidt. Comme ce portrait fait pendant avec le précédent, il est de la même grandeur. Les épreuves, tirées sur papier jaunâtre de la Chine, sont très-rares, de même que celles avant la dédicace, & les essais & les contre-épreuves.

No. 152.

Le Prince d'Orange, Guillaume second, à qui Cats explique un trait de l'histoire de ses ancêtres.

Le jeune Prince eſt vu de profil, aſſis vis-à-vis d'une table, ſur laquelle il y a un grand livre ouvert. Il eſt habillé d'une robe large avec une ceinture. La tête eſt couverte d'une couronne de lauriers. Le vieux Cats eſt aſſis derriere ſon éleve, dans l'attitude d'un homme qui inſtruit. Il eſt vu de profil, habillé d'une robe large de fourrure. Il porte au cou une chaîne d'or avec une grande médaille. La tête eſt couverte d'une calotte. Il a une grande mouſtache avec une courte barbe. On lit en bas: Le Prince d'Orange — ancètres. G. Flink fec. G. F. Schmidt fec. aqua forti 1772. Du cabinet de M. le Directeur Ceſar. La h. eſt de 9 p. 3 l. & la l. de 7 p. 2 l. Il y a différentes épreuves de cette eſtampe. 1) des épreuves avec la lettre ſur du papier jaunâtre de la Chine. 2) des épreuves avant la lettre portant ſeulement les noms des artiſtes, & 3) des eſſais, avant que la planche ait été terminée. Toutes trois ſe trouvent difficilement.

No. 153.

Une vieille femme, appellée communement la Mere de Rembrandt. On voit une vieille à demi-corps, vue presque de face, & habillée d'une eſpece de manteau de fourrure, avec un capuchon ſur la tête. Elle eſt aſſiſe devant une table, couverte d'un tapis, d'un grand livre ouvert, d'une écritoire, d'un chandelier &c. Elle eſt tournée vers la gauche de l'eſtampe, & a la tête appuyée ſur la main droite, en poſant ſur le livre la main gauche, dans laquelle elle tient des lunettes. On lit en bas: Rembrandt pinx. G. F. Schmidt fec. aqua forti 1774. Du cabinet du peintre Clume. La h. eſt de 7 p. 11 l. & la l. de 6 p. 9 l. Les épreuves ſur du papier jaunâtre de la Chine ſont rares.

SECONDE PARTIE.

GRAVURES

À

L'EAU FORTE.

SUJETS HISTORIQUES, ET ESTAMPES POUR LIVRES.

No. 154.

Le premier essai d'un Paysage, que notre artiste, peu content de l'effet, a laissé imparfait. Par cette raison les traits en sont si foibles qu'on a de la peine à distinguer, à la droite de l'estampe, une maison avec deux cheminées fumantes, & dans un mur une grande porte, par laquelle passe un homme. A la gauche de la porte il y a une autre figure d'homme, qui s'appuye sur quelques parties du mur. On voit encore devant la porte trois autres figures d'hommes dont l'une dirige ses pas vers la porte. A main gauche on apperçoit une riviere & quelques arbres. Sans noms des artistes & sans année. La h. est de 3 p. 10 l. & la l. de 4 p. 7 l.

No. 155.

Trois grands Cartouches, pour les trois plans de la bataille de Sohr. Le cartouche pour le premier plan est composé de drapeaux, d'un canon, d'un fusil, & d'une torche allumée. Celui pour le second renferme un drapeau & en bas un canon, un obusier &c. Celui pour le troisième, est composé de deux étendards, de deux canons, d'un baril à poudre &c. Tous les trois plans sont à peu près de la même grandeur, savoir de 17 p. de h. sur 20 p. de l.

No. 156.

Le Cartouche pour le plan de la bataille de Kesselsdorf. On y voit, outre un canon, des drapeaux, des étendarts, &c. un chat, – symbole de la fausseté, – battant le tambour. La h. est de 19. p. & la l. de 23 p. 10. l. Il n'y a que les cartouches des trois plans de la bataille de Sohr & de Kesselsdorf, qui soient gravés par G. F. Schmidt, sans l'indication de son nom ni de l'année; tout le reste est exécuté par le graveur nommé le petit Schmidt.

No. 157.

Deux différentes feuilles de Polichinelles, faisant pendants. L'une représente trois polichinelles autour d'un pot de macaroni. L'un en prend avec une fourchette, & met la main gauche sur la bosse de son voisin, qui est spectateur, le troisième, assis auprès d'un tronc d'arbre, est endormi. On lit en haut vers la gauche de l'estampe: Tiepolo del. & dans le coin du même côté de l'estampe S. fec. aqua forti 1751. L'autre représente cinq polichinelles occupés autour d'un chaudron auprès du feu pour préparer quelque mets, probablement la polenta, mets favori des Italiens. L'un remue la pâte avec un gros bâton, le second souffle dessus, le troisième accroupi derriere le chaudron, regarde, le quatrieme le dos tourné, lâche de l'eau, & le cinquieme, à la porte d'une cabane, regarde avec un rire moqueur. On lit vers le bord gauche de l'estampe, & au milieu: Tiepolo del. & en bas vers la main droite de l'estampe: Schmidt fec. aqua forti 1751. La h. de ces deux pieces est de 8 p. & la l. de 8 p. 8 l.

No. 158.

Deux Vignettes pour le livre intitulé: Johann Joachim Quantzens Versuch einer Anweisung die Floete traversiere zu spielen, 4. Berlin, bei Johann

Friedrich Voſs 1752. La premiere de ces deux vignettes (pag. 1.), repréſente trois forgerons, qui battent le fer; le bruit qu'ils font, donne à un philoſophe, aſſis auprès d'une table, la premiere idée de la muſique. On lit en haut la deviſe: Principium Muſicum. La h. eſt de 3 p. 7 l. & la l. de 4 p. 7 l. L'on rencontre, quoique rarement, de belles épreuves de cette vignette avant la deviſe. La ſeconde (pag. 334.), repréſente un concert composé de ſept muſiciens. La deviſe d'en haut eſt: Executio Anima Compoſitionis. La h. eſt de 3 p. 5. l. & la l. de 4 p. 2 l. On lit ſur l'une & l'autre, en bas, & vers la main gauche de l'eſtampe: G. F. Schmidt fec. Ces deux vignettes ont été gravées en 1752.

No. 159.

Notre Seigneur préſenté au peuple. Il s'offre nu au milieu de l'eſtampe & il eſt aſſis ſur une groſſe pierre. Couronné d'épines, il tient dans ſes mains un roſeau que lui préſente un prêtre juif, qui eſt à genoux devant lui. Derriere lui on voit Pilate avec deux ſoldats, dont l'un donne des coups de poing au Chriſt. On lit en bas; Rembrandt pinx. G. F. Schmidt fec. 1756. La h. eſt de 6 p. 4 l. & la l. de 5 p. 2 l. Les épreuves ſur du papier de la Chine ſont de toute beauté.

No. 160.

Deux Payſans flamands, gravés dans le goût de Corn. Viſſcher. Ils ſont aſſis auprès d'une table. L'un verſe un verre de biere, l'autre allume ſa pipe. On lit en bas: A. Oſtade pinx. 1667. G. F. Schmidt fec. Aqua forti 1757. La h. eſt de 10 p. 8 l. & la l de 7 p. 10 l. Cette eſtampe n'a aucune inſcription: les amateurs ne doivent donc pas ſe perſuader qu'ils ont des épreuves avant la lettre.

No. 161.

Les vignettes, culs-de-lampes & lettres grises *), pour la superbe édition in-4°. des Poësies diverses, imprimée 1760. à Berlin, chez C. F. Voss.

a) Le cul-de-lampe à la fin de la Préface, est composé d'un livre ouvert, d'un caducée, d'une marotte, d'une trompette &c. La h. est de 2 p. 1 l. & la l. de 3 p. 10 l.

b) La vignette (pag. 1.), au commencement des Odes, représente Apollon, jouant de la lyre, & les neuf Muses. La h. est de 3 p. 2 l. & la l. de 5 p. 7 l.

c) Le cul-de-lampe (pag. 12.) à la fin de l'Ode premier représente un livre ouvert dont les feuilles sont déchirées, quelques flèches, & un serpent; le tout faisant allusion à la calomnie. La h. est de 1 p. 11 l. & la l. de 3 p. 1 l.

d) Le cul-de-lampe (pag. 16.), à la fin de l'Ode seconde, est composé de trois Génies volans qui ornent de guirlandes une lyre, un des Génies sonne de la trompette. La h. est de 2 p. 6 l. & la l. de 3 p. 3 l.

e) Le cul-de-lampe (pag. 23.) à la fin de l'Ode troisieme. Apollon jouant de la lyre. La h. est de 2 p. 4 l. & la l. de 3 p. 10 l.

f) Le cul-de-lampe (pag. 31.) à la fin de l'Ode quatrieme, offre la tête de Phoebus, une lyre & une trompette. La h. est de 2 p. 1 l. & la l. de 3 p. 11 l.

g) Le cul-de-lampe (pag. 37.) à la fin de l'Ode cinquieme. Un cigne, emblême de la poësie, couronné de fleurs par deux Génies. La h. est de 2 p. 6 l. & la l. de 3 p. 3 l.

*) Le frontispice & la vignette du titre sont gravés par Mr. J. G. Meil le cadet à Berlin.

[h]) Le cul-de-lampe (pag. 42.) à la fin de l'Ode sixieme. Un livre ouvert, une musette & une flûte de Pan. La h. est de 2 p. 5 l. & la l. de 4 p. 1 l.

[i]) Le cul-de-lampe (pag. 50.) à la fin de l'Ode septieme. Un chapeau pastoral, une panetiere de berger, un carquois plein de flèches, & un arc. La h. est de 1 p. 8 l. & la l. de 3 p. 10 l.

[k]) Le cul-de-lampe (pag. 55.) à la fin de l'Ode huitieme. Un paysâge suisse, représentant des cataractes. La h. est de 4 p. 3 l. & la l. de 3 p. 4 l.

[l]) Le cul-de-lampe (pag. 67.) à la fin de l'Ode dixieme. Un satyre, tenant une flèche en arrêt. La h. est de 2 p. 5 l. & la l. de 2 p. 10. l.

[m]) Le cul-de-lampe (pag. 72.) à la fin de l'Ode onzieme. Un berger & une bergere auprès d'un boccage. La h. est de 3 p. 7 l. & la l. de 4 p. 2 l.

[n]) Le cul-de-lampe (pag. 78.) à la fin de la Paraphrase de l'Ecclésiaste. Le même que pag. 23.

[o]) La vignette (pag. 81.) au commencement des Epîtres. L'auguste poëte, assis auprès d'une table & écrivant, regarde la Vérité, que deux Génies tâchent de dévoiler. On voit encore une bibliothéque, une machine pneumatique &c. La h. est de 3 p. 11. & la l. de 5 p. 7 l.

[p]) Le cul-de-lampe (pag. 91.) à la fin de l'Epître premiere. Le même que pag. 31.

[q]) Le cul-de-lampe (pag. 136.) à la fin de l'Epître quatrieme. Deux branches de palmes, un caducée & une trompette. La h. est de 1 p. & la l. de 3 p. 10 l.

[r]) Le cul-de-lampe (pag. 246.) à la fin de l'Epître douzieme. Quatre Génies dans une forge, forgeant des flèches. La h. est de 3 p. 3 l. & la l. de 4 p. 2 l.

[z]) Le cul-de-lampe (pag. 268.) à la fin de l'Epître quatorzieme. Une bergere & un berger assis auprès d'une fontaine. Celui-ci joue de la musette. La h. est de 3 p. 2 l. & la l. de 4 p. 3 l.

[a]) Le cul-de-lampe (pag. 278.) à la fin de l'Epître quinzieme. Trois Genies, dont un sonne de la trompette & les deux autres portent une marotte. La h. est de 3 p. 3 l. & la l. de 4 p. 3 l.

[b]) Le cul-de-lampe (pag. 318.) à la fin de l'Epître dixhuitieme. Trois Génies, dont l'un épouvante les deux autres avec un masque. La h. est de 3 p. 3 l. & la l. de 4 p. 3 l.

[c]) Le cul-de-lampe (pag. 348.) à la fin de l'Epître vingtieme. Un jeune Satyre essayant la pointe d'une flèche qu'il vient d'aiguiser. La h. est de 1 p. 10 l. & la l. de 2 p. 9 l.

Comme le Poëme de l'art de la guerre est divisé en 6 chants, il y a aussi 6 vignettes pour le commencement, & autant de culs-de-lampes pour la fin de chaque chant. Voici les sujets.

[a]) La vignette pour le Chant Ier (pag. 351.). Le Héros prussien couronné de lauriers par un Génie.

[b]) Le cul-de-lampe (pag. 366.). Le Héros prussien, armé par Bellone pour aller à la guerre, reçoit l'écharpe d'un Génie.

[c]) La vignette pour le Chant II[d] (pag. 367.). La Discorde allume le feu de la guerre, & on voit au loin des troupes qui défilent.

[d]) Le cul-de-lampe (pag. 382.). Des Génies dans une forge, occupés à forger des armes, dans le lointain on voit forer des canons.

r) La vignette pour le Chant IIIeme (p. 383.). Le Héros prussien est conduit par Bellone & par la Victoire au temple de la Gloire, pendant que Pallas le couvre de son égide contre l'Envie, le Meurtre & la Mort.

s) Le cul-de-lampe (pag. 396.). Le Héros projette le plan pour la campagne.

t) La vignette pour le Chant IVeme (p. 397.). Une place assiégée. On voit des trouppes, montant la tranchée.

h) Le cul-de-lampe (pag. 412.). Bellone montre au Héros le plan de la place attaquée.

i) La vignette pour le Chant Veme (pag. 413.). Marche des troupes dans les quartiers d'hyver.

k) Le cul-de-lampe (pag. 426.). Le délassement de l'officier au sein de sa famille.

l) La vignette pour le Chant VIeme (p. 427.). Une bataille. On amene quelques prisonniers de guerre.

m) Le cul-de-lampe (pag. 444.). L'apothéose du Héros.

Les letttres grises sont: A. B. C. D. E. F. H. I. J. L. N. O. P. Q. S. T. V. La dimension de ces 6 vignettes, qui sont toutes à peu près de la même grandeur, est de 3 p. 3 à 4 l. & la l. de 5 p. 3 à 4 l. & celle des 6 culs-de-lampes, qui sont aussi tous à peu près de la même grandeur, est de 3 p. 11 l. à 4 p. & la l. de 4 p. 4 à 5 l. Les lettres grises sont de 13 l. en carré. Toutes ces vignettes, culs-de-lampes, & lettres grises sont gravées par Schmidt, dont le nom se trouve sur chacune, excepté sur l'apothéose du Héros, qui est sans nom, d'après les dessins de feu M. le Sueur. Ces vignettes sont de l'année 1757.

No. 162.

Le fameux Satyre avec la chévre, dans une bordure ronde, ornée de pampres. Le sujet, qui est obscène, représente un Faune à génoux, avec une chévre. Voyez ce qu'en dit Winkelmann dans sa lettre au Comte Henri de Bruhl sur les découvertes d'Herculanum *) in-4°. à Dresde, chez Walther 1762. pag. 34. „Cet ouvrage en marbre", ajoute Winkelmann, „est environ de la grandeur de trois palmes ro„mains. Immédiatement après sa découverte, il fut „envoyé avec précaution au Roi à Caserta, d'où il fut „renvoyé de même & confié à la garde de M. Joseph „Canaut, sculpteur à Portici, avec l'ordre positif de ne „le montrer à personne sans une permission signée du „Roi. Par conséquent c'est à tort que quelques An„glois se vantent de l'avoir vu." Voici l'histoire de c[illegible] estampe. Un Prince de l'Allemagne septentrion[illegible], se trouvant au Museum Royal de Portici, sut si bien détourner l'attention de l'inspecteur, qu'une personne de sa suite eut le tems de prendre une copie au crayon de cette piece. De retour il la fit graver; mais il n'en fit tirer qu'environ douze exemplaires, la plupart sur papier cendré sans inscription & sans aucun fond. La planche ensuite fut détruite. Le petit nombre d'épreuves fut distribué entre des personnes de distinction auxquelles le Prince en fit présent. Schmidt ayant eu occasion de voir cette estampe, la copia avec toute l'exactitude possible, il ajouta une polissonnerie de la part du Satyre, & l'inscription suivante: Il famoso Satyro colla capra, Gruppo di Bronzo **) trovato nelle rovine d'Hercolano, che si conserva nel Museo Reale di Portici.

*) Il en a paru une traduction françoise par M. Huber chez Tilliard, libraire, quai des Augustins, à Paris, 1764. in-4°.

**) Winkelmann nous dit que cet ouvrage est en marbre, ce qui nous a été confirmé par les personnes qui l'ont vu, & qui assûrent, qu'il n'est rien moins que de la premiere beauté, aussi ne se trouve-t-il pas au Museum Royal de

Cugliacazzi fece Napoli. 1761. La h. est de 5 p. 1 l. & la l. de 4 p. 8 l. Cette estampe est une des plus rares de Schmidt, attendu qu'il ne l'a jamais mise dans le commerce. Il y en a des épreuves, tirées sur papier de soie jaunâtre, qui sont beaucoup plus rares encore, & dans notre collection de l'oeuvre de Schmidt, nous avons même une contre-épreuve.

No. 163.

Le buste de la Ste. Vierge en dévotion, dans une ovale. Elle est vue de face, la tête modestement inclinée, & les mains jointes. Elle est couverte d'un voile. L'inscription est: Dédié à son Excellence Nicolas d'Esterhasy, Comte du St. Empire Romain, Chevalier de la Toison d'or, Conseiller actuel intime, Général de Cavalerie, Capitaine de la Garde noble Hongroise &c. au service de L. L. M. M. Impériales Royales & Apques d'Hongrie & de Bohème, par son très-humble & très-obéissant serviteur Schmidt. Sasso Ferrato pinxit. G. F. Schmidt sculps. Berolini 1762 d'après un Tableau du Comte Esterhasy, commencé à St. Petersbourg & terminé à Berlin. La h. est de 10 p. 8 l. & la l. de 8 p. 2 l.

No. 164.

Cinq têtes d'Enfants en différentes attitudes, dont deux sont endormis, d'après Fiamingo. On lit en haut entre deux têtes. G. F. Schmidt fec. 1767. La h. est de 2 p. 3 l. & la l. de 3 p. 11 l. On en a des épreuves sur du papier jaunâtre de la Chine.

Portici; mais chez un ancien officier du Roi, qui ne le montre qu'en vertu d'une permission par écrit. Actuellement chaque voyageur l'obtient des Ministres, avec la même facilité que celle pour le grand Museum.

No. 165.

La Résurrection de la fille de Jaïre. Jésus à côté du lit prend de la main gauche celle de la jeune fille & fait l'imposition miraculeuse de la droite; le pere est à côté de Jésus, & la Mere est derriere, fondant en larmes, pendant que deux amis tâchent de la consoler. Au pied du lit on voit une figure d'homme debout, la tête nue & en méditation. L'inscription est: Christus gaet met Jairo om syn dochterken te geneesen. Opgedrogen van den Heer Cesar, Oud-Secretaris van Zyne Koningl. Hoogheid Prins Hendrik van Pruyssen, 's Konings Broeder, als mede Director van de Koningl. Bank tot Berlin, door zyn Vriend Schmidt. Rembrandt pinx. G. F. Schmidt fecit aqua forti. 1767. La h. est de 8 p. 6 l. & la l. de 10 p. 2 l. On rencontre quelquefois de cette belle estampe des épreuves tirées sur du papier de la Chine, & même avant la lettre; mais elles sont très-rares. Une copie de la même grandeur, mais dans le sens opposé, est faite par Grismann à Leipzig.

No. 166.

Le Philosophe dans sa grotte. Quoique ce soit le nom qu'on donne ordinairement à cette estampe, nous croyons que le sujet représente le vieil Anchise, dans une grotte après l'embrasement de Troie. On voit un vénérable vieillard à barbe blanche & à tête nue assis dans l'intérieur d'une grotte à côté d'un rocher, sur lequel il y a des ustenciles, quelques livres &c. Il a le bras droit appuyé sur le rocher, avec l'air d'une tristesse profonde. On voit à l'entrée de la grotte, mais de loin, une ville incendiée, des gens qui s'enfuyent, des soldats qui entrent par la porte de la ville &c. ce qui fait aisément penser au sac de Troie. L'inscription est: Dem Koenigl. Leib- und Feld-Medico, Herrn Hoff-Rath J. G. Lesser, gewidmet durch seinen Freund Schmidt. Tiré du Cabinet de M. César. R. van Ryn pinx. 1630. G. F. Schmidt fec. aqua forti. 1768. La h. est de 7 p. 3 l. & la l. de 5 p. 5 l. Les premieres épreuves sont avant la dédicace. Il existe de cette piece une copie faite par Thaenert de Leipzig. On lit en bas: Nach Schmidt von Thaenert sad.

No. 167.

La Présentation au temple. On voit au milieu de l'estampe le vieillard Siméon, tenant l'enfant Jésus dans ses bras, avec Marie & Joseph, tous trois à genoux devant le grand prêtre. Il y a sur le côté gauche de l'estampe un groupe composé de plusieurs figures, parmi lesquelles on remarque un vieillard qui met ses lunettes pour voir l'enfant Jésus, & dans le lointain on apperçoit encore beaucoup de figures. L'inscription est: Darstellung Christi im Tempel. Luc. cap. 2. v. 29. Dem Churfürstl. Sächs. Hoff-Mahler Herrn Dietrich zugeeignet, durch seinen Freund Schmidt. Aus der Sammlung des Herrn Director Cesar. C. W. E. Dietrich pinx. 1739. G. F. Schmidt fec. 1769. La h. est de 8 p. 7 l. & la l. de 10 p. 3 l. On a de cette estampe des épreuves tirées sur du papier de la Chine, & d'autres avant la lettre; mais elles sont très-rares.

No. 168.

La grandeur d'ame d'Aléxandre envers son médecin Philippe, morceau exécuté dans le goût de Gerard Audran. Le sujet offre Aléxandre malade, assis sur un lit dans sa tente au moment qu'il à pris le breuvage que Philippe lui a présenté. Il tient encore la coupe & regarde d'un oeil fixe le médecin qui lit la lettre de Parmenion qu' Aléxandre lui a donnée. On voit derriere le médecin deux guerriers, qui par leurs gestes semblent prendre part, tant à l'intrépidité & au péril d'Aléxandre, qu'au soupçon contre Philippe. Le lointain offre un camp & quelques guerriers. Le sujet est entouré d'une large bordure, composée en haut de différentes armes, & en bas de couronnes, de sceptres &c. On voit dans les deux coins de la bordure en haut deux statues, symboles de la Prudence & de l'Indulgence. Aux piédestaux de chacune, il y a un esclave enchaîné. On lit dans la bordure en bas: An. Carache inv. & pinx. L'inscription est: Grandeur d'Ame d'Aléxandre envers son médecin Philippe. Q. Curce. Liv. III. dessiné par B. N. le Sueur, d'après le tableau original d'An. Carache. Esquisse à l'eau-forte par G. F. Schmidt à Berlin 1769. h. 10 pi$^{es.}$ 6 p. sur 15 pi$^{es.}$ de l. Dédié à Sa Majest. Catherine II$^{e.}$ Impératrice de toutes les Russies, par son très-humble, très-obéissant, & très-soumis serviteur, J. Trible. La dédicace est gravée sur une planche séparée. & il y a deux sortes d'épreuves avant & avec la dédicace. La h. de celles avant la dédicace, est de 16 p. & leur l. de 22 p. 7 l. La h. de celles avec la dédicace, est de 18 p. 4 l. leur l. est la même que la précédente. Il y a des épreuves avant la lettre & la dédicace, & des contre-épreuves.

No. 169.

Timoclée justifiée par Aléxandre, faisant pendant avec la piece précédente, également gravée dans le goût de Gérard Audran. On voit au milieu de l'estampe, Aléxandre assis sur son trône, faisant signe de la main, d'ôter les fers à Timoclée, qu'un guerrier amene. Derriere elle sont ses deux enfans, conduit par un autre guerrier. A la main droite d'Aléxandre on voit quelques autres guerriers & des pages, qui apportent les armes d'Aléxandre & un autre tient Bucéphale par la bride. On voit dans le lointain une ville, un camp &c. Cette estampe est sans bordure. On lit sur les degrés inférieurs du trône: An. Carache inv. & pinx. L'inscription est: Timoclée justifiée par Aléxandre. - Q. Curce Liv. I. dessiné par B. N. le Sueur, d'après le tableau original d'An. Carache, h. 10 pi^s. 6 p. sur 15 pi^es. de l. esquissé à l'eau-forte par G. F. Schmidt à Berlin 1769. Dédié à Sa Maj. Catherine IIe. Impératrice de toutes les Russies, par son très-humble, très-obéissant & très-soumis serviteur J. Trible. La dédicace est gravée sur une planche séparée & il y a deux sortes d'épreuves, avant & avec la dédicace. Comme cette estampe fait pendant avec la précédente, elle est de la même hauteur & largeur. On a des épreuves avant la lettre, & aussi tirées au bistre avec la lettre, mais sans la dédicace, & ce sont celles, que Schmidt a tirées pour essais. L'on a de cette estampe des contre-épreuves.

No. 170.

St. Pierre après le reniement de son Maître. Il est vu au milieu de l'estampe assis avec les mains jointes, & plongé dans une profonde douleur. Il a la tête nue & une grande barbe blanche. On voit les clefs à terre auprès de lui. Derriere le coq, & dans le lointain, la garde romaine se chauffe auprès du feu. L'inscription est: F. Bol pinx. G. F. Schmidt fec. 1770. Du Cabinet de Monsieur le Con^ller Trible. Comme cette piece fait pendant avec le Philosophe dans sa grotte, indiqué sous No. 166. elle est aussi de la même grandeur.

No. 171.

Un groupe de trois Enfans, mangeant du raifin, piece de forme ovale. Un des deux eft couronné de feuilles de vignes. Il y a derriere le groupe deux troncs d'àrbres, entortillés de pampres. On lit en bas: F. Flamand inv. G. F. Schmidt fec. aqua forti 1770. La h. eft de 4 p. 9 l. & la l. de 6 p. 5 l. On rencontre quelquefois des épreuves tirées fur du papier de la Chine, mais rarément.

No. 172.

La Préfentation de la Ste. Vierge au temple, terminée au burin. On voit au milieu de la planche la Vierge à genoux dans une attitude modefte & dévote devant le grand prêtre qui la releve & lui donne la bénédiction. Ses parens font agenouillés derriere elle. Un groupe d'anges, portant une corbeille de fleurs, plane au deffus d'elle. Un des anges lui jette des fleurs. Le refte du tableau eft rempli de beaucoup de figures qui affiftent le grand prêtre dans fes fonctions ou qui font fpectateurs. L'infcription eft: La Préfentation de la Ste. Vierge au temple, tableau de la galerie impériale de St. Petersbourg. Haut. 10 pies. 4 pouces, large 7 pies. 4 pouces. Dédié à Sa Maj. Catherine IIe. Impératrice de toutes les Ruffies, par fon très-humble, très-obéiffant & très-foumis ferviteur J. Trible. Peint par Pietro Tefta & deffiné par B. N. le Sueur. Gravé par G. F. Schmidt, Graveur du Roi, à Berlin 1771. La h. eft de 22 p. 7 l. & la l. de 15 p. Il y a des épreuves avant la dédicace & les armes, mais elles font très-rares. Un effai, fait de cette planche, a été vendu par M. Royer graveur à Berlin en 1783. pour le cabinet du Roi à Paris, & la contre-épreuve de cet effai eft à Berlin.

No. 173.

Lot avec ſes Filles. Le Patriarche en habit oriental avec un turban ſur la tête, eſt aſſis entre ſes deux filles vis-à-vis d'une table. L'une lui préſente de la main droite une coupe en le careſſant de l'autre, pendant que ſa ſoeur, qui eſt debout derriere ſon pere, ſemble vouloir tourner ſon attention ſur elle même. Il y a ſur la table un grand flacon d'une façon antique, un plat avec des fruits, & un couteau. L'inſcription eſt: Lot avec ſes filles. Dédié à Son Alteſſe Royale Mgr. le Prince Henri de Pruſſe; frere du Roi, par ſon très-humble & très-obéiſſant ſerviteur Schmidt. Rembrandt pinx. G. F. Schmidt fec. aqua forti 1771. Le Tableau Original ſe trouve dans la Collection de S.A.R. La h. eſt de 10 p. 8 l. & la l. de 8 p. On rencontre auſſi des épreuves avant la dédicace; mais très-rarement. Dans notre collection de l'oeuvre de Schmidt, nous avons trouvé une eau-forte *), avec la contre-épreuve, mais de telles curioſités ſont presque introuvables. Une piece en maniere noire anglaiſe intitulée: „An Amoriſt aged," paroît être une copie de cette eſtampe.

No. 174.

Le monument funeraire de Mitchel. On voit ſur un piédeſtal élevé, les armes du défunt, couvertes en partie d'un grand drap mortuaire, qui enveloppe auſſi le piédeſtal, & qui porte l'inſcription ſui-

*) Nous ferons remarquer aux amateurs & encore plus aux artiſtes, que la poſſeſſion de pareils eſſais, leur doit être très-précieuſe, vu qu'ils pourront diſtinguer la maniere dans laquelle Schmidt travailloit ſes planches, gravées à l'eau-forte dans le goût de Rembrandt, qui paroît être toute différente de celle adoptée par d'autres artiſtes.

vante: André Mitchel, Chevalier de l'ordre du bain, Député au Parlement de la Grande-Bretagne, Envoyé extraordinaire & Ministre plénipotentiaire du Roy, à la Cour de sa Majesté le Roi de Prusse. Décédé à Berlin le XXVIII. Jan. MDCCLXXI. On lit encore en haut de l'estampe: In memory of my Benefactor and worthy Friend, Sir Andrew Mitchel, dedicated to Alexander Burnet, Esqr. His Majesty's Chargé des affaires at the Court of Berlin, from his most obedient humble servant. Ims Trible, Berlin the 26th. March. 1771. & tout en bas de l'estampe L. S. le Sueur del. S. sc. La h. est de 12 p. 4 l. & la l. de 8 p. Gravé dans l'année 1771.

No. 175.

Sara donne sa servante Agar pour femme à Abraham. Le Patriarche est représenté assis devant un lit à rideaux. Sara qui est debout à sa droite, prend d'une main celle de son mari, & lui montrant de l'autre Agar, semble lui persuader de l'accepter. La jeune fille à demie deshabillée, est debout à la gauche d'Abraham, qui à son tour lui prend la main. Un curieux, à la droite de l'estampe, regarde par l'ouverture d'un rideau. Deux chaises, couvertes d'habits, une table avec une cruche, un petit chien &c. servent à compléter le tableau. La lettre en bas est: Sarai giebt ihrem Manne Abraham ihre Magd Hagar zum Weibe, aus dem Cabinette des Herrn Director Cesar. C. W. E. Dietrich pinx. 1757. G. F. Schmidt fec aqua forti 1773. La h. est de 8 p. 10 l. & la l. de 12 p. 6 l. On en a des épreuves avec la lettre, tirées sur du papier jaunâtre de la Chine, mais elles sont bien rares. Nous avons rencontré dans l'oeuvre de notre artiste, une eau-forte avec sa contr'épreuve.

No. 176.

La S^te. Vierge avec l'énfant Jésus & le petit S^t. Jean. Elle est assise & tournée vers la main droite de l'estampe. Elle tient l'enfant, & met la main gauche sur les épaules du petit S^t. Jean, qui est debout devant elle, & qui pose dévotement les deux mains sur la poitrine pour adorer le Saint enfant, tandis que celui-ci étend le bras gauche pour le caresser. La lettre en bas est: Ant. van Dyck pinx. G. F. Schmidt fec. aqua forti 1773. Tiré de la Collection de S. A. R. Mg^r. le Prince Henri de Prusse. La h. est de 8 p. 2 l. & la l. de 7 p. 9 l. On rencontre, mais rarement, des épreuves avec la lettre, tirées sur du papier de la Chine, & avant les mots, Tiré — Prusse, sur papier ordinaire.

No. 177.

La vieux Tobie raillé par sa femme. Il est vu assis sur un banc dans une treille devant la porte de sa maison, avec les mains jointes & les pieds posés sur une chaufferette. Sa femme un devidoir à la main, est assise à gauche. Elle se tourne vers lui, & semble lui faire des reproches. On voit aussi une chévre derriere une haie. Le lointain représente un paysage avec un bâtiment. La lettre en bas est: Der alte Tobias wird von seinem Weibe verspottet. Aus dem Cabinet des Herrn Director Cesar. Rembrandt pinx. G. F. Schmidt fec. aqua forti 1773. La h. est de 8 p. & la l. de 8 p. 11 l. Les épreuves avec la lettre, tirées sur du papier jaunâtre de la Chine, sont très-rares, comme aussi celles avant la lettre sur du papier ordinaire.

No. 178.

Un Paysage, représentant la vue de l'entrée du village de Panko près de Berlin. On voit à main droite de l'estampe deux chaumieres derriere un arbre de moyenne hauteur, sous lequel un homme debout parle à des femmes, qui sont assises sur une longue poutre posée à terre. On voit encore vers la gauche de ce paysage un arbre fort élevé, derriere lequel il y a une haie. On reconnoît encore cette estampe à trois troncs d'arbres, mis à terre devant la poutre, à un puits derriere la haie, & enfin à un chien, courant vers la main gauche de la planche. On lit en haut. G. F. Schmidt fec. 1773. Cette estampe est très-rare. La h. est de 3 p. 9 l. & la l. de 6 p. 6 l. Les épreuves avec le nom de Schmidt, tirées sur du papier de la Chine, & celles avant le nom de ce maître, sont extrémement rares.

No. 179.

Autre Paysage. On voit au milieu une maison rustique avec un escalier de six marches qui mene à la porte, devant laquelle il y a une femme occupée à sécher du linge. On voit encore sous l'escalier, l'entrée d'une cave, devant laquelle passe une femme, qui mene un enfant de la main gauche, & porte une corbeille dans la droite. Pour mieux reconnoître encore ce paysage, qui ne porte ni date, ni le nom du peintre, qui paroît être Roos, ni celui du graveur (quoiqu'il soit indubitablement de Schmidt) on voit à main droite de l'estampe une vache, un chien, & quelques brebis, qui dirigent leur marche de ce côté-là; & à main gauche il y a un mur avec une porte ouverte, qu'enfile un homme avec une corbeille au bras. D'ailleurs on apperçoit à côté de cette porte dans un coin un homme qui lache de l'eau, & par l'ouverture de la porte dans le lointain un homme à cheval, à qui un pauvre demande l'aumone. Cette estampe faite en 1773. est fort rare. La h. est de 5 p. 4 l. & la l. de 7 p. 6 l.

No. 180.

Un Vase, avec un anse & un bec, dans le goût de Polydore, élégamment orné. Le ventre du vase est orné de festons, attachés avec des rubans, & autour du pied, il y a trois jeux d'enfants. On lit autour du pied. G. F. Schmidt sculp. 1774. La h. de l'estampe est de 6 p. 5 l. & la l. de 4 p. 1 l.

No. 181.

Vignette en cartouche, pour la bibliothéque du Baron de Kottwitz, d'après un dessin de le Sueur. Au milieu on voit les armes du Baron, au dessus desquelles un petit Génie tient une couronne. Un autre, qui est à gauche, tient un tapis avec cette inscription: R. G. Baron de Kottwitz de Boyadel. On lit près du pied de ce petit Génie: Schmidt fec. La h. est de 3 p. 6 l. & la l. de 2 p. 9 l. Cette piece est extrémement rare. Elle est de l'année 1774.

No. 182.

Vignette, pour la dédicace du livre du Comte Algarotti au Roi de Prusse, avec la lettre grise C. On voit le médaillon du Roi, orné de lauriers & porté par trois Génies, dont l'un représente la Renommée. Le temple de l'Immortalité se voit dans le lointain à gauche. On lit au dessous du médaillon: Au Roi; & encore plus bas: Sire. La lettre grise C. a pour sujet un petit paysage avec le soleil levant derriere un arbre. On lit au dessus les mots: Au Roi; & tout près des nues sur lesquelles les Génies sont assis, en caractères à peine lisibles: Schmidt inv. & sculps. La h. est de 4 p. 3 l. & la l. de 2 p. 10 l. Cette piece est fort rare. Elle a été gravée en l'année 1774.

No. 183.

Vignette, pour quelque livre de poëfie. Elle repréfente trois Génies fur des nues, dont deux portent une lyre & le troifieme un compas. On lit en bas : Schmidt inv. & fecit. Sans année. La h. eft de 2 p. 7 l. & la l. de 2 p. 7 l.

No. 184.

Les planches, vignettes & culs-de-lampes, d'après les deffins de Schmidt pour les fix chants d'un Poëme intitulé : Le Palladium. Ce poëme épi-comique écrit en françois par le Roi de Pruffe défunt, eft à ce qu'en difent le petit nombre de perfonnes qui l'ont lu, dans le goût de la Pucelle. Il petille d'efprit & de traits fatyriques relatifs à la guerre de fept ans, (c'eft à cette époque, qu'il fut compofé). L'augufte auteur n'en fit tirer que très-peu d'exemplaires, & n'étant pas content de cette édition, il fit faire une feconde à fon château. Il en fit tirer douze exemplaires dont il n'en diftribua que fix, les autres, de même que ceux de l'édition précédente, furent brûlés par fon ordre : c'eft ce qui a rendu cet ouvrage fi rare, & ce qui nous empêche d'offrir aux curieux une explication détaillée des eftampes. Nous allons cependant risquer d'en donner une defcription, en commençant par les fix grandes planches pour les fix Chants.

a) Planche pour le Chant Ier. Une grande tente fous un arbre, à l'entrée de laquelle il y a une nombreufe affemblée de chevaliers. Ils font armés de toutes pieces & rangés en deux files. Un chevalier diftingué, placé entre deux files, harangue l'affemblée. Un autre à fa droite femble le menacer, & porte la main à son épée, mais un troisieme tâche de l'appaiser. On voit dans le lointain trois chevaux devant deux tentes, deux palfreniers les tiennent par la bride. On lit en bas: Chant I.

*) Planche pour le Chant II[d]. Un Dieu dans le ciel, assis sur son trône, la couronne en tête, le sceptre en main, est entouré d'une Gloire de têtes d'anges. Junon ou Vénus, à genoux, à côté de lui, le caresse. Une autre figure de femme, est assise sur les nues à la gauche de ce Dieu. On voit en bas l'Eglise romaine représentée par nombre de peres, de papes, d'évêques, de moines, de religieuses &c. qui adorent ce Dieu. La lettre en bas est: Chant II.

*) Planche pour le Chant IIIeme. Un paysage montagneux. Un détachement de hussards, passant par un défilé sur la droite, amene un prisonnier de guerre qu'ils ont pillé. Il est en chemise & en culotte, nuds pieds, un bonnet sur la tête & un bâton à la main. Un détachement de Croates, sortant d'une grotte, semble être plein de joie à la vue des hussards & du prisonnier. La lettre est: Chant III.

*) Planche pour le Chant IVeme. Une tempête furieuse, avec des éclairs. Un vaisseau près de couler à fond. Les débris d'un naufrage. Des hommes qui se noient. Il y en a un sur le devant, qui se sauve sur quelques fragmens de bois. Sur les nues on voit un vieillard avec une grande barbe (peut-être un Saint, à en juger par l'auréole qui entoure sa tête), qui tend un morceau de toile à l'homme en danger &c. celui-ci le prend & se sauve. On lit en bas: Chant IV.

*) Planche pour le Chant Veme. L'intérieur d'une chambre dont la porte est ouverte. En haut on voit

planer la Discorde, secouant d'une main sa torche allumée, & tenant de l'autre un serpent qui lui ronge les mamelles. Une chauve-souris & un petit dragon volent à côté d'elle, un homme de grande condition, (à en juger par son habit richement galonné & par le cordon qu'il porte), assis auprès d'une table devant une croisée, semble par le geste qu'il fait de la main gauche, appercevoir la Discorde. Cet homme en perruque, en bottes & en éperons, appuye le bras droit sur la table. Un chien couché aux pieds de son maître, semble être effrayé de cette apparition & aboie. Un chapeau, un manteau, une épée &c. sont suspendus à des crochets dans le fond de la chambre; un coffre, une chaise &c. servent à compléter le sujet. Il y a sur la table du papier, un encrier, un livre &c. On lit en bas: Chant V.

f) Planche pour le Chant VIeme. Un combat de deux guerriers à cheval, habillés à la romaine. L'un veut porter un coup d'épée à son ennemi, que l'autre pare de son bouclier. Le lointain représente deux armées opposées, rangées en ordre de bataille, en attendant le signal du combat. La lettre est: Chant VI.

Ces 6 planches sont toutes à peu près de la même grandeur, savoir de 8 p. & 1 2 3 jusqu'à 4 l. de h. sur 6 p. 4 6 7 jusq'à 8 l. de l.

Les Vignettes pour les 6 Chants du Palladium sont en 10 pieces. Comme nous n'avons jamais vu ce poëme, nous ne sommes pas en état de dire pourquoi il y a 10 vignettes pour 6 chants, ni dans quel ordre ces vignettes se suivent, ainsi que les 6 culs-de-lampes, par conséquent nous nous contenterons d'en décrire les sujets sans ordre.

a) Premiere Vignette. Un groupe de trois figures, composé de Mercure & de deux figures de femmes. Mercure tenant dans la main gauche son caducée, & un rouleau de papier sur lequel est écrit: Persuasion, met un anneau au doigt d'une de ces figures de femmes, laquelle tient dans la main droite une trompette & un livre ouvert avec l'inscription: A l'amitié. L'autre figure de femme, qui est au milieu & qui n'a aucun attribut caractéristique, semble être une médiatrice. Il y a derriere ce groupe un boccage avec un vase sur un piedestal. On voit encore dans le lointain Pegase sur un rocher, & le temple de l'Immortalité. La signification de ce sujet est assez difficile à deviner.

b) Seconde Vignette. Danse de trois faunes & de trois nymphes. On voit sur la droite un vieux satyre & un jeune, l'un jouant de la corne-muse, l'autre de la flute. On voit encore à main gauche de la planche un homme & une femme sous une petite tente dans une posture très-indecente. Un enfant, qui est à côté, fait le signe du mystere. Un terme de Priape devant un boccage & quelques ruines, composent le lointain. Sujet très-libre.

c) Troisieme Vignette. Une place publique, ou une grande cour devant un bâtiment magnifique, construit en demi-cercle, avec un perron, sur lequel on voit un vieux philosophe, haranguer la foule qui remplit cette partie de la cour, proche du bâtiment. Un obélisque, décoré de deux drapeaux, sur lesquels on remarque les doubles aigles, s'éleve au milieu de la place.

d) Quatrieme Vignette. Le parloir d'un couvent. Une religieuse passe sa main par la grille, que son amant baise avec transport. Le lointain qu'on voit par la porte ouverte du couvent, représente une église avec un clocher.

e) Cinquieme Vignette. On apperçoit à la droite de l'estampe, sous un arbre, un homme élégamment habillé qui, dans une posture indécente, veut forcer une jeune fille, qui se défend. A gauche on voit un camp de hussards qui s'occupent à faire la cuisine. Un Saint en longue robe, caracterisé par l'auréole, descend du ciel sur une nue, & fait signe des deux mains, tant du côté de l'homme sous l'arbre, que du côté des hussards.

f) Sixieme Vignette. Un repas entre deux dames & deux seigneurs de distinction sous une tente à la gauche de l'estampe. L'un des seigneurs, & les deux dames sont dans le costume oriental; l'autre seigneur est habillé à la françoise. Ils sont servis par trois domestiques. On voit à côté du seigneur en habit françois un gros chien. Le lointain est un paysage.

g) Septieme Vignette. Elle représente la figure de Dieu le Pere, assis au haut du ciel sur les nues, ainsi qu'une assemblée de vieillards & de guerriers; nous ne déciderons pas, si les figures qu'on voit à gauche, sont des patriarches, des apôtres, des saints, ou des philosophes payens &c. On apperçoit encore à la droite, l'archange Michel, saisissant par les cheveux un homme en manteau, & le frappant de son glaive flamboyant, pendant qu'une foule de papes, d'evêques, de moines & de prêtres protestans, pleins d'effroi prennent la fuite. Sujet difficile à décrire, & plus difficile encore à expliquer.

a) Huitieme Vignette. Un homme couché & endormi, voit en songe un Saint en habit pontifical avec un hibou à côté de lui. Il annonce par son geste, l'agitation que lui cause cette vision.

b) Neuvieme Vignette. Place publique d'une ville: à la droite de la planche on apperçoit dans les airs St. Pierre & St. Antoine montés, le premier sur un coq, tenant les clefs du paradis dans la main droite, & l'autre sur un cochon décoré d'un grand rosaire. Les deux Saints semblent prendre leur chemin du vestibule d'un grand édifice à la gauche de la piece, où l'on voit encore le dôme d'une église, qui s'éleve derriere une rangée de maisons.

a) Dixieme Vignette. On voit une sala terrena, qui donne sur un jardin. Dans cette salle on remarque un vieillard dans une niche, qui juge deux femmes placées devant lui; derriere une de ces femmes, on en voit trois autres; le jardin est décoré de statues, de fontaines & d'enfans qui jouent.

Ces Vignettes sont toutes de la même grandeur, savoir de 3 p. 2 l. de h. sur 5 p. 7 l. de

Les 6 culs-de-lampes représentent

a) Premier cul-de-lampe. Un Saint avec l'auréole sous la figure d'un jeune homme élégamment habillé à la françoise, bourse à cheveux, chapeau sous le bras, épée au côté & un long bâton dans sa main gauche, descend du ciel sur un nuage, & apparoît à deux personnes de distinction à genoux. Le premier, très-richement habillé & décoré du cordon de quelque ordre, semble, par le geste qu'il fait avec son chapeau, lui demander quelque grace.

b) Second cul-de-lampe. L'extérieur d'un couvent. On apperçoit à une fenêtre ouverte une religieuse, chez laquelle son amant monte par une échelle de corde à la lueur d'une lanterne, que tient un prêtre catholique, qui reçoit en récompense une bourse d'argent.

c) Troisieme cul-de-lampe. Un boccage, où il y a un lièvre chassé par deux chiens.

d) Quatrieme cul-de-lampe. Dieu le Pere, sur des nues sous la figure d'un vieillard, observant avec un grand telescope une bataille qu'on livre dans le lointain. On remarque encore au bas, le masque d'un vieillard avec de grandes lunettes sur le nez.

e) Cinquieme cul-de-lampe. L'entrée de l'enfer, sous la forme de la gueule d'un monstre, avec de grands yeux, des cornes, de narines fumantes &c. On apperçoit dans l'intérieur un diable, fumant sa pipe, & tournant la broche à laquelle est un damné, un autre remuant dans une chaudiere un autre damné. On y voit la roue d'Ixion, & un autre damné empalé.

f) Sixieme cul-de-lampe. Un enchantement. Un conjurateur en habit richement galonné, tenant dans la main droite un grimoire & une plante, & dans l'autre une canne, décrit autour de lui un cercle magique. L'esprit évoqué apparoit sous la figure d'un grand sanglier, à la vue duquel deux hommes, richement vêtus, prennent la fuite saisis d'épouvante.

Ces six culs-de-lampes, sont presque tous de la même grandeur, savoir de 3 p. 11 l. à 4 p. de h. sur 4 p. & 3 à 4 l. de l.

Toutes ces vignettes &c. ont été gravées par Schmidt dans 1774.

No. 185.

Cartouche, pour le grand plan de la ville de Berlin. Ce plan, composé de 4. feuilles, est gravé par F. G. Berger le pere, & Schmidt y a ajouté un grand cartouche, ainsi que quelques arbres dans la partie pittoresque du plan. On voit dans ce cartouche, qui se trouve sur la premiere feuille en haut à gauche, une grande pierre carrée appuyée contre un obélisque décoré en haut de trophées avec cette inscription: Plan de la ville de Berlin, levé & dessiné par ordre & privilege du Roi, sous la direction du Maréchal Comte de Schmettau par Hildner, approuvé par l'Académie Royale des Sciences à Berlin, gravé sous la direction de G. F. Schmidt, graveur du Roi. Le haut de cette piece est surmonté de l'aigle prussien, & des armes de la ville de Berlin, savoir un ours qui se dresse. Le Dieu de la Sprée, versant son urne, des enfans, occupés à la pêche, des bateaux chargés &c. font allusion à la situation & à l'activité des habitans de cette capitale, d'après le dessin d'une étude par M. Cochin fils. La h. de cette partie du plan, qui contient le cartouche, est de 18 p. 5 l. & la l. de 15 p. 7 l. Gravé en 1774.

No. 186.

Vignette ou Cartouche, orné à gauche de grappes de raisin & à droite d'épis de bled. On voit assis sur la gauche du cartouche, Cupidon qui boit un verre de vin & qui tient de la main gauche un bouteille de Champagne. Devant lui est placé une cantine, un arc & une flèche. A droite il y a un fourneau de Chimiste, sur lequel est placée une retorte. A droite de ce fourneau on voit une pincette & à gauche deux flacons sur un foyer. Au dessus de ce Cartouche, il y a une banderole déployée avec l'inscription: A L'Hô-tel de Vincent à Berlin; & au dessus de cette banderole un aigle couronné & les ailes déployées, tenant dans la serre droite un sceptre & dans la gauche un glaive. Sans le nom de Schmidt & sans année. Cette piece est travaillée dans le même goût & aussi mauvaise que No. 171. La h. est de 4 p. 1 l. & la l. de 2 p. 9 l.

TABLE DU CONTENU.

Cet ouvrage ſe trouve à Amſterdam, Berlin, Hambourg, Jena, Leipzig, Londres, Paris, St. Pétersbourg, Strasbourg, Varſovie, Vienne.

CORRECTIONS ET OMISSIONS.

Page 6 ligne 6 *au lieu de* 7 *lisez* 6. Ibid. l. 24 *effacez* G. G. P. 22 l. 19 *au lieu de* 1729. *lisez* 1739. P. 28 l. 13 *au lieu de* Huber *lisez* Ruber. P. 29 l. 26 *au lieu de* T. *lisez* I. P. 32 l. 6 *au lieu de* 1745. peu avant son depart, *lisez* 1745. Cette estampe a été faite peu avant son depart. P. 35 l. 2 *au lieu de* Invictum *lisez* Incoctum. Ibid. l. 27 *après* à Berlin *ajoutez* Aux premieres épreuves le mot à Berlin, n'est que foiblement marqué & ne se trouve point aux posterieures. P. 38 l. 1 *au lieu de* Königl. Preuss. Etats, *lisez* Königl. Preuss. würckl. Geh. P. 40 l. 17 *au lieu de* Tzschemesow *lisez* Tschemesoff. Ibid. l. 30 *au lieu de* Charles *lisez* Carlos. P. 43 l. 21 *après* Societatis *ajoutez* Regalis. P. 44 l. 5 *après* pinx. *ajoutez* 1732. Ibid. l. 26 *après* Prusse *ajoutez* Frere du Roy. Présenté à Son Altesse Royale. P. 49 l. 18 *au lieu de* Deux *lisez* Dix. P. 53 l. 14 *rayez* & Compie. P. 53 l. 28 *après* sculps. *ajoutez* Les premieres épreuves sont avec la susdite adresse de Larmessin & les secondes avec celle de à Paris chez Gaillard &c. P. 55 l. 1 *après* Buldet *rayez* & Compie. Ibid. l. 16. *au lieu de* deux *lisez* trois. Ib. l. 19 *après* Schmidt *ajoutez* & les troisiemes avec l'adresse à gauche de l'estampe à Paris chez Buldet. P. l. 56 derniere, *au lieu de* Voilà *lisez* En celsa. P. 66 l. 14 *après* Schmidt *ajoutez* inv. et P. 81 l. 17 *au lieu de* trois *lisez* quatre. Ib. l. 22 *au lieu de* & sans le nom du graveur, au lieu duquel *lisez* aux troisiemes au lieu du nom du graveur. Ib. l. 24 *au lieu de* troisiemes *lisez* quatriemes. Ib. l. 25 *au lieu de* secondes *lisez* troisiemes. P. 87 l. 14 *après* Paris; *ajoutez* gravé par le même. Ib. l. 26 *après* Schouwalow — *ajoutez* de Sage gravé & présenté. P. 90 l. 4 *après* &c. *ajoutez* AC. P. 103 l. 20 *après* Esterhasy *ajoutez* Cette estampe a été. P. 110 l. 11 *rayez* le Sueur.

Telle est la collection précieuse, sur laquelle nous avons composé ce Catalogue; elle est tirée du porte-feuille de feu M. Schmidt, elle a été rassemblée avec beaucoup de soins & de dépenses pendant plus de trente ans, & nous l'offrons avec le plus grand détail aux vrais amateurs. Ceux qui voudront se la procurer ou avoir des éclaircissemens, sur le prix &c. pourront s'addresser à M. Chrétien Gottlieb Hilscher, Libraire à Leipzig.

Elle consiste en tout en

399. *Feuilles des plus belles Epreuves, savoir*

272. ——— *Epreuves choisies avec la lettre, avec les armes &c.*

47. ——— *Epreuves, avant la lettre, avant les armes &c.*

32. ——— *Epreuves sur du papier de soie jaunâtre de la Chine.*

7. ——— *de Contre-Epreuves.*

28. ——— *de copies faites d'après Schmidt.*

6. *Estampes originales que Schmidt a copiées.*

3. *Estampes douteuses de Schmidt.*

2. *Estampes d'après les dessins de Schmidt.*

2. *Estampes des Eleves Russes de Schmidt.*

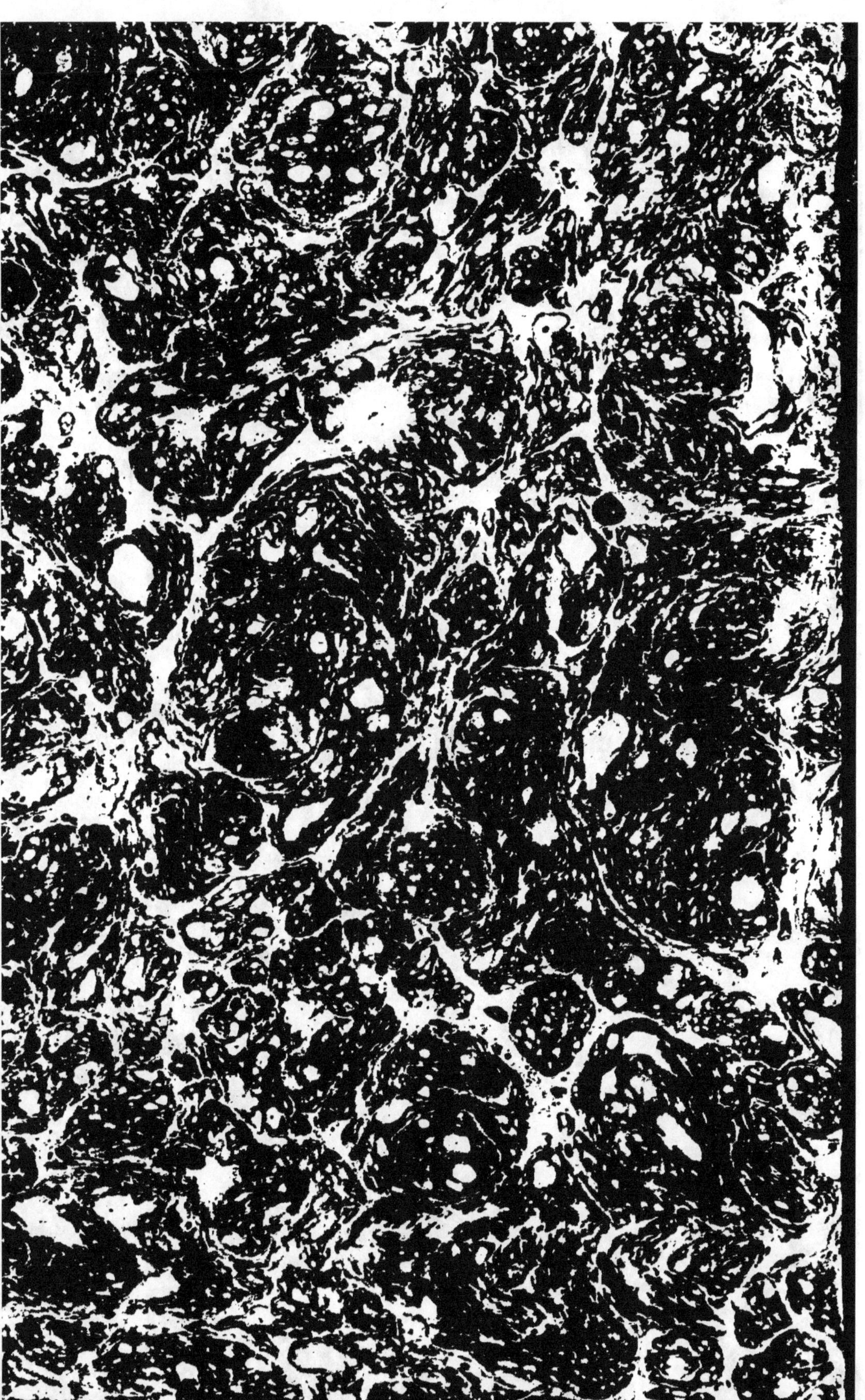

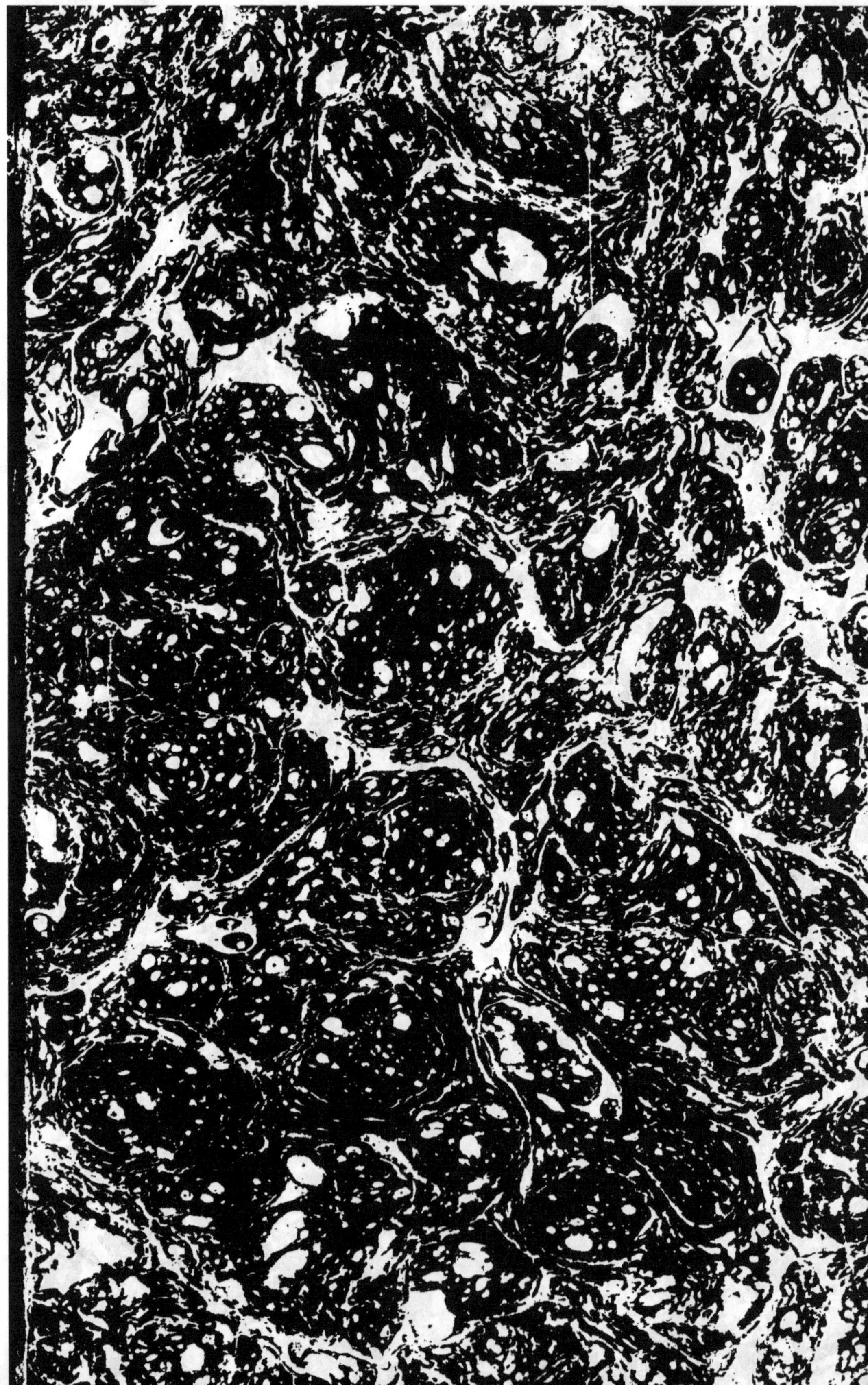

www.ingramcontent.com/pod-product-compliance
Lightning Source LLC
Chambersburg PA
CBHW071224290326
41931CB00037B/1960

* 9 7 8 2 0 1 1 8 9 0 3 8 2 *